어린이 여러분의

KB124381

다

#36

이 승엽

who?
special

책을 더 재미있게, 책을 더 오래 기억하는 방법
다산어린이 공식 카페에는 다양한 독서 활동 자료가 있습니다.
자료를 활용하여 아이들의 독서 흥미를 더욱 키워 주세요.

다산어린이 공식 카페

글 최재훈

학습 만화와 청소년 교양서, 온라인 에듀테인먼트 게임 등을 넘나들며, 어린이와 청소년이 즐기며 공부할 수 있는 교육용 콘텐츠를 만들기 위해 노력하고 있습니다. 대표작으로 《꿈의 멘토 시리즈》, 《미션돌파 과학 배틀》 등이 있습니다.

그림 스튜디오 해닮

해닮은 '해를 닮은 사람들'의 약자로, 해처럼 밝고 건강한 작품을 만들기 위해 2009년에 일곱 명의 작가가 모여 만든 공동체입니다. 일곱 가지 색깔을 가진 일곱 명의 작가가 다양하고 재미있는 학습 만화와 창작 만화, 동화 삽화 작업을 하고 있습니다. 대표작으로 학습 만화 《홍쌤의 최강수학》, 《요리공주》 등과 어린이 동화 《두바이처럼 생각하라》, 《백 원 갖고 뭐해?》, 《공룡탐험대》 등이 있습니다.

감수 안광필(문현 중학교 체육 교사)

이승엽

2판 1쇄 발행 2022년 5월 17일
2판 3쇄 발행 2024년 5월 8일

글 최재훈 **그림** 스튜디오 해닮 **감수** 안광필 **표지화** 신춘성
펴낸이 김선식

경영총괄이사 김은영
어린이사업부총괄이사 이유남
책임편집 최인수 **디자인** 김은지 **책임마케터** 안호성
어린이콘텐츠사업1팀장 최인수 **어린이콘텐츠사업1팀** 김은지 강푸른 마정훈
마케팅본부장 권장규 **마케팅3팀** 최민용 안호성 박상준 송지은
미디어홍보본부장 정명찬 **뉴미디어팀** 문윤정 이예주
편집관리팀 조세현 김호주 백설희 **저작권팀** 한승빈 이슬 **제휴사업팀** 류승은
재무관리팀 하미선 윤이경 김재경 이보람 임혜정
인사총무팀 강미숙 김혜진 지석배 황종원
제작관리팀 이소현 김소영 김진경 최완규 이지우 박예찬
물류관리팀 김형기 김선민 주정훈 김선진 한유현 전태환 전태연 양문현 이민운
북디자인 포맷 박연주

펴낸곳 다산북스 **출판등록** 2005년 12월 23일 제313-2005-00277호
주소 경기도 파주시 회동길 490 **전화** 02-704-1724 **팩스** 02-703-2219
다산어린이 카페 cafe.naver.com/dasankids **다산어린이 블로그** blog.naver.com/stdasan
종이 IPP **인쇄** 민언프린텍 **후가공** 평창피앤지 **제본** 대원바인더리

ISBN 979-11-306-3282-7 14990

+ 책값은 표지 뒤쪽에 있습니다.
+ 파본은 본사와 구입하신 서점에서 교환해 드립니다.
+ 이 책은 저작권법에 의하여 보호를 받는 저작물이므로 무단 전재와 복제를 금합니다.
+ 이 책에 실린 사진의 출처는 셔터스톡, 위키피디아, 플리커, 연합뉴스 등입니다.

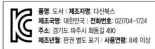

품명: 도서 **제조자명**: 다산북스
제조국명: 대한민국 **전화번호**: 02)704-1724
주소: 경기도 파주시 회동길 490
제조년월: 판권 별도 표기 **사용연령**: 8세 이상

※ KC마크는 이 제품이 공통안전기준에 적합하였음을 의미합니다.

이승엽
Lee Seungyuop

다산
어린이

자신만의 멘토를 만날 수 있는
who? 시리즈

　다산어린이의 〈who?〉 시리즈는 어린이들은 물론 어른들에게도 재미와 감동을 주는 교양 만화입니다. 〈who?〉 시리즈는 전 세계 인류에 영향력을 끼친 인물들로 구성되었으며 인물들의 삶과 사상을 객관적으로 전해 줍니다.

　이처럼 다양한 나라와 분야에서 활약한 위인들의 이야기를 통해 과학, 예술, 정치, 사상에 관한 정보는 물론이고, 나라별 문화와 역사까지 배우게 될 것입니다. 〈who?〉 시리즈의 가장 큰 장점은 위인들이 그들의 삶에서 겪은 기쁨과 슬픔, 좌절과 시련, 감동을 어린이들이 함께 느낄 수 있다는 것입니다. 어린이들은 이 책을 읽으면서 폭넓은 감수성을 함양하게 됩니다.

　〈who?〉 시리즈의 어린이 독자들이 책 속의 위인들을 통해 자신만의 멘토를 만나 미래의 세계적인 리더로 성장하기를 진심으로 응원합니다.

존 덩컨 미국 UCLA 동아시아학부 교수

존 덩컨(John B. Duncan) 교수는 한국학 분야의 세계적인 석학으로 미국 UCLA 한국학 연구소 소장 및 동 대학의 동아시아학부 교수를 겸직하고 있습니다. 하버드 대학교 교환 교수와 고려 대학교 해외 교육 프로그램 연구센터장을 역임했으며, 주요 저서로는 《조선 왕조의 기원》, 《조선 왕조의 시민 행정의 제도적 기초》 등이 있습니다.

세상을 더 나은 곳으로 만든
사람들의 이야기

어린이들은 자라면서 수많은 궁금증을 가지게 됩니다. 그중에서도 "저 사람은 누굴까?"라는 질문은 종종 아이들의 머릿속을 온통 지배해 버리기도 합니다. 다산어린이에서 출간된 〈who?〉 시리즈는 그런 궁금증을 해결해 주기 위해 지구촌 다양한 분야의 리더들을 소개하고 있습니다.

〈who?〉 시리즈에 등장하는 인물들은 인종과 성별을 넘어 세상을 더 나은 곳으로 만든 사람들입니다. 어린이들은 이 책에서 디지털 아이콘으로 불리는 스티브 잡스는 물론 니콜라 테슬라와 같은 천재 발명가를 만날 수 있습니다.

책 속 주인공들의 어린 시절 이야기를 통해 기쁨과 슬픔, 도전과 성취감을 함께 맛보고, 그들과 함께 성장하면서 스스로 창조적이고 인류에 도움이 되는 사람이 되겠다는 포부와 자신감을 갖게 될 것입니다.

〈who?〉 시리즈 속에서 다채롭고 생동감 넘치는 위인들의 이야기를 만나 보세요.

에드워드 슐츠 하와이 주립 대학교 언어학부 교수

에드워드 슐츠(Edward J. Shultz) 하와이 주립 대학교 언어학부 교수는 동 대학의 한국학센터 한국학 편집장을 역임한 세계적인 석학입니다. 평화봉사단 활동의 하나로 한국에서 영어 교사로 근무한 경험이 있으며, 현재 한국과 미국, 일본을 오가며 활발한 활동을 펼치고 있습니다. 저서로는 《중세 한국의 학자와 군사령관》, 《김부식과 삼국사기》 등이 있고, 한국 중세사와 정치에 대한 다수의 기고문을 출간했습니다.

미래 설계의 힘을 얻는 길이 여기에 있습니다

어린이가 성장하는 시기에는 스스로 미래를 설계하며 다양한 책을 접하는 경험이 필요합니다.

어린 시절 만난 한 권의 책이 인생에 미치는 영향이 얼마나 큰지는 꿈을 이룬 사람들의 말을 통해서 알 수 있습니다. 빌 게이츠는 오늘날 자신을 만든 것은 동네의 작은 도서관이었다고 말하고, 오프라 윈프리는 어린 시절 유일한 친구는 책이었음을 고백하며 독서의 중요성에 대해 이야기합니다.

꿈을 이룬 사람들의 공통점은 또 있습니다. 그들에게는 어린 시절, 마음속에 품은 롤 모델이 있었습니다. 여러분의 롤 모델은 누구인가요? 〈who?〉 시리즈에서는 현재 우리 어린이들이 가장 닮고 싶어하는 롤 모델을 만날 수 있습니다. 버락 오바마, 빌 게이츠, 조앤 롤링, 스티브 잡스 등 세상을 바꾼 사람들의 감동적인 이야기를 담은 〈who?〉 시리즈는 어린이들이 구체적인 목표를 설정하고 희망찬 비전을 세울 수 있도록 도와줄 친구이면서 안내자입니다. 〈who?〉 시리즈를 통하여 자신의 인생 모델을 찾고 미래 설계의 힘을 얻을 수 있습니다.

송인섭 숙명 여자 대학교 명예 교수 | 한국영재교육학회 회장

숙명 여자 대학교 명예 교수이자 한국영재교육학회 회장으로 자기주도학습 분야의 최고 권위자입니다. 한국교육심리연구회 회장, 한국교육평가학회장, 한국영재연구원 원장을 역임했습니다. 자기주도학습과 영재 교육의 이론을 실제 교육 현장에 적용하기 위해 노력하고 있습니다.

평생을 이끌어 줄
최고의 멘토를 만날 수 있는 책

　　10대에 가장 중요한 것은 무엇일까요? 학과 공부와 입시일까요? 우리나라 최초의 국제회의 통역사로 30년 동안 활동하면서 글로벌 리더들을 만날 기회가 수없이 많았던 저는 대한민국의 초등학생들에게 특별한 조언을 해 주고 싶습니다. 그것은 큰 꿈을 가지는 것이 무엇보다 중요하다는 것입니다.

　　꿈은 힘들고 지칠 때 나를 이끌어 주는 힘이고 내 인생의 주인이 되어 일어설 수 있게 하는 원동력이 되어 줍니다. 꿈이 있는 아이가 공부도 잘하고 결국 그 꿈을 실현할 수 있게 되는 것입니다. 저 역시 어린 시절 품었던 꿈이 지금의 자리에 있게 한 원동력이었습니다. 남들이 모르는 큰 꿈을 마음속에 간직하고 있었기에 괴롭고 힘들어도 포기하지 않고 다시 일어설 수 있었습니다.

　　어린 시절 저에게도 힘들고 지칠 때마다 용기를 불어넣어 주고 힘이 되어 주었던 분들이 있었습니다. 지금의 자리로 저를 이끌어 준 멘토들처럼 〈who?〉 시리즈에서 여러분의 친구이자 형제, 선생이 되어 줄 멘토를 만날 수 있기를 바랍니다.

최정화 한국 외국어 대학교 교수 | 우리나라 최초 국제회의 통역사

우리나라 최초의 국제회의 통역사로 현재 한국 외국어 대학교 통번역대학원 교수입니다. 세계 무대에서 자신의 꿈을 이룬 여성 신화의 주인공으로, 역시 세계에서 꿈을 펼치려고 하는 청소년들에게 멘토의 역할을 충실히 하고 있습니다. 저서로는 《외국어, 내 아이도 잘할 수 있다》, 《외국어를 알면 세계가 좁다》, 《국제회의 통역사 되는 길》 등이 있습니다.

어린이의 꿈을 키워 주는
훌륭한 안내자를 소개합니다

    자녀의 꿈이 무엇인지 알고 있어도 대한민국 학부모들에게 자녀의
꿈보다는 학교 성적이 우선인 것이 현실입니다. 멋진 꿈을 가지고 있어도
성적이 나쁘면 실현 가능성이 낮다고 생각하기 때문입니다.

    하지만 정말 그럴까요? 하고 싶지 않은 공부를 의지만 가지고 하는
사람은 언젠가 한계를 느끼지만, 이루고 싶은 것을 위해 노력하는 사람의
마음속에는 열정이 생겨 더 열심히 노력하게 됩니다. 쉽고 재미있는
이야기를 통해 마음속으로 열정을 키울 수 있는 좋은 책이 나왔습니다.
이 책을 읽은 많은 어린이들이 큰 꿈을 품고 자신의 미래를 그리며 열정을
키우게 되었다고 말합니다.

    의지를 주문하기보다 열정을 가질 수 있도록 다양한 기회를 제공하는
학부모들의 현명한 선택을 위해 이 책을 추천합니다. 하기 싫은 걸
억지로 공부하는 자녀가 아니라 정말 열정적으로 공부하는 자녀의 모습을
기대한다면 부모님의 잔소리를 대신하여 훌륭한 길잡이가 되어 줄
〈who?〉 시리즈를 만나 보시기 바랍니다.

박재원 행복한 공부연구소 소장

한국형 두뇌 기반 학습을 연구 개발한 학습 전문가입니다. 행복한
공부연구소 소장으로 강연, 집필, 방송 출연 등 다양한 활동을
하고 있습니다. 저서로는 《공부가 즐거워지는 기적의 두뇌 학습법》,
《중학생이 되기 전에 꼭 잡아야 할 공부 습관》시리즈, 《가정이
대안이다》시리즈 등이 있으며 《핀란드 교실 혁명》의 번역 및 해설을
했습니다.

해외 석학들과 전문가들이
극찬을 아끼지 않은 책

다산어린이에서 출간된 〈who?〉 시리즈는 개인적으로도 무척 반가운 책입니다. 김대중 전 대통령을 청와대에서 가까이 모시면서, 반기문 유엔사무총장이 외교통상부 장관으로 재임하던 시절 국회의원으로서 함께 활동하면서 그분들의 훌륭한 점을 많이 봐 왔기 때문입니다.

전 세계 다양한 분야의 지도자들이 성공에 이르기까지의 과정을 학습만화로 그린 〈who?〉 시리즈의 인물들이 어떻게 시련과 역경을 극복했는가를 잘 보여 주는 이 책은 이 시대를 살고 있는 모든 어린이들에게 매우 유익합니다.

저는 'who?를 사랑하는 모임'의 대표로서 많은 해외 석학들과 국내 전문가들에게 이 책을 소개했고, 그때마다 놀라운 반응이 이어졌습니다. 하버드 대학의 에드워드 베이커 전 한국학 연구소장도, 미주 이민 110주년 기념 사업회의 책임자도, 세계 한인 회장단의 공동회장도, 국내의 도서관장들도 모두 〈who?〉 시리즈를 접하고 극찬을 아끼지 않았습니다. 어린이들의 원대한 꿈을 실현시켜 주는 힘을 지닌 〈who?〉 시리즈가 머지않은 미래에 한국은 물론 전 세계의 모든 가정에 영향력 있는 책으로 자리매김하리라 확신하며, 이 책을 추천합니다.

최성 전 경기 고양시장 / 'who?를 사랑하는 모임' 대표

최 성 전 경기 고양시장은 청와대 외교안보비서관과 17대 국회 의원을 지냈습니다. 미국 존스홉킨스 대학 교환 교수 등을 역임하며 세계 3대 인명 사전 중 2곳에 게재된 바 있으며, 현재 'who?를 사랑하는 모임'의 대표로도 활동하고 있습니다.

차 례

Lee
Seungyeop

☆1 먹보 소년,
야구에 눈뜨다

한국을 대표하는 야구 선수 이승엽은 1976년 10월 11일에 태어났습니다.
지금의 모습과 달리 그는 어린 시절, 엄청난 개구쟁이였습니다.

이승엽이 일곱 살이 되던 해인
1982년 대구

엄마~
빵 더 주세요!

녀석, 배도 커.

딸깍
딸깍

투수로 *박철순이
나왔구나.

* **박철순** 전 KBO 리그 'OB 베어스'의 투수

스트~라이크!

멋. 있. 다.

이때부터 우리나라도 프로 야구가 출범하면서 야구는 단순한 게임이
아니라, 하나의 스포츠 종목으로 큰 관심을 받기 시작했습니다.

* **완투승** 한 투수가 교체되지 않고 9회까지 공을 던져 승리한 것

타자들은 그 공의 속도나 방향을 쉽게 알아채지 못하지.

휙

*이만수 선수라면 그 공을 쳐 낼 수 있을지도 몰라.

그렇지! 누나가 뭘 좀 아는구나.

아~ 정말 너무 멋있어. 나 야구 선수 될래!

이번에는 야구에 꽂혔군.

놔둬. 저러다 말겠지.

아~ 정말 멋져. 정말정말 멋져!

이승엽의 형과 누나도 야구의 매력에 빠졌지만, 야구에 대한 애정은 이승엽을 따를 사람이 없었습니다.

* **이만수** 전 KBO 리그 '삼성 라이온즈'의 포수 겸 1루수

동덕 초등학교

우리 집 갈래? 엄마가 돈가스 해 놓으셨대.

미안, 난 바빠서 못 가.

난 시간 돼!

나도!

오~ 빠른데?

내 공은 쳐 내기 쉽지 않을 걸?

얘들아, 이제 집에 가자!

이승엽은 야구가 너무 재미있어 매일 시간 가는 줄도 모르고 놀았습니다.

앗, 오늘 가족들과 함께 저녁 먹기로 한 걸 깜빡했잖아!

승엽이가
왜 이리 늦지?

먹자. 약속을 어기는
녀석 때문에 모두
굶을 수는 없지.

늦어서
죄송합니다!

얼른 손 씻고
와서 앉아.

네.

?

비록 혼났지만, 우리 팀이
이겨서 기분은 끝내준다.

1986년, 초등학교 4학년 이승엽에게 뜻밖의 기회가 찾아왔습니다.

곧 교육청 주최로 '멀리 던지기 대회'가 열린답니다. 우리 반 대표로 누가 좋을까요?

당연히 승엽이죠.

맞아요.

내가 나가 주지 뭐.

크하

어머! 근육 봐.

삐

대구시 멀리 던지기 대회

악

파

던지기라면 누구보다 자신 있다고!

차

이웃 학교에서 열린 멀리 던지기 대회에 이승엽이 학급 대표로 출전한 것입니다.

이승엽은 그날 63미터를 기록해
고학년 선배들을 제치고
3등을 차지했습니다.

작은 체구인데
어깨 힘이 장난이
아니잖아.

다른 아이들보다
손이 두툼한 데다가
왼손잡이이기까지 해.

학생, 혹시 야구 해 볼
생각 없니?

저요?

네가 원하면
우리 중앙 초등학교
야구부에
입단시켜 주마.

중앙 초등학교
야구부장 신용성

드디어 내게
기회가 왔다!

파

야

정말이에요?

아빠! 엄마!

무슨 일이니?

아빠! 저 야구 선수가 될 수 있을 것 같아요. 오늘 중앙 초등학교 야구부 선생님이 저를 야구부원으로 받아 주시겠대요!

저 중앙 초등학교로……

안 된다!

운동선수는 절대 안 돼!

이승엽은 매일 야구를 해도 되는 야구 선수가 되고 싶었지만, 아버지는 승엽이 운동보다 공부에 집중하기를 바랐습니다.

제게 가능성이 보인대요.

동네에서 친구들이랑 공 가지고 노는 것과 야구 선수 생활은 차원이 다른 일이다.

하루도 안 빼고 몇 시간씩 고되게 훈련해야 하는 걸 알고나 하는 소리니?

쓸데없는 생각하지
말고 공부나 해.

정말 야구가
좋은데……

승엽아, 아빠는 네가
야구에 빠져 올바른 길로
가지 않을까 봐 걱정돼서
그러시는 거란다.

제 생각은
중요하지
않은 거죠.

이대로 단념할 수 없어!
무슨 수를 써서라도
꼭 야구부에
들어가고 말거야.

다음 날 아침

밥 먹어라~

야구를 허락하실 때까지 전 밥을 먹지 않겠습니다.

뭐라고?

네가 밥을 굶어?

놔둬요. 안 먹으면 자기 손해지!

어디 얼마나 버티는지 두고 봅시다.

절대 물러서지 않을 거야.

그렇게 시작된 이승엽의 단식 투쟁은 한 달이나 계속되었습니다.

좀 만 더 버티자.

저 녀석, 야구하고 싶다고 단식 투쟁까지 한다네요.

더 놀라운 건 하루도 빠짐없이 여기 와서 훈련을 하고 있다는 겁니다.

꽤 지독한 녀석이야.

이승엽은 단식을 하면서도 학교가 끝나면 매일 중앙 초등학교에 가서 홀로 야구 연습을 했습니다.

아이고~
삼겹살 먹고 싶다.
짜장면도, 피자도.

아냐! 약해지면 안 돼!
지금 포기하면 다시는
야구를 할 수 없게 될 거야.

승엽아.

어? 선생님?

미래의 야구 스타가
밥도 굶어 가며 투쟁하는데,
선생님이 가만히
있을 수 없지.

아버지를 만나
다시 설득해 보마.

정말요? 고맙습니다.

고맙습니다, 선생님!

싫습니다. 운동보다는
공부를 시키겠어요.

아버님께서
걱정하시는 게 뭔지 잘 압니다.
제 아들 녀석도 야구를 시키고
있거든요.

밥도 굶은 채
하루도 빠짐없이 와서
훈련하더군요.

그런 끈기가 보통 아이들에게
있는 건 아니랍니다.
아버님, 제 눈을 믿어 보시지요.

흐음…….

아빠, 저 정말 야구가 하고
싶어요. 허락만 해 주시면 뭐든지
다 할게요!

승엽이는
최고의 선수가
될 수 있습니다.

후회 안 할 자신 있니?

네! 절대 후회 안 해요.

중간에 포기하면 안 된다.

아빠, 감사합니다!

이렇게 맛있는걸.

냠냠

쩝쩝

이승엽의 진심을 안 아버지는 더 이상 반대만 할 수 없었습니다.

착실히 훈련을 이어 온 이승엽은 5학년에 야구부의 중심 선수가 되었고, 6학년 때는 전국 대회에 출전하였습니다.

어디 칠 테면 쳐 보라고!

엄청난 속도야!

*스트라이크 아웃!

이번엔 공격이다!

이승엽은 투구는 물론 *타격에도 자신이 넘쳤습니다.

* **스트라이크 아웃** 야구에서 타자가 세 번 스트라이크를 당하여 아웃되는 것
* **타격** 투수가 던진 공을 배트로 치는 것. 우리나라 프로 야구에서는 투수가 타격을 거의 하지 않지만, 아마추어 야구에서는 투수가 타자로도 나섬

이승엽의 인물 돋보기

국민 타자로 불리는 한국 프로 야구 선수, 이승엽

국민 타자, 야구계의 라이온 킹, 살아 있는 기록 파괴자……. 이 모든 수식어는 바로 우리나라 최고의 야구 선수 이승엽을 이르는 말입니다. 1976년, 대구에서 태어난 그는 초등학교 4학년 때부터 야구를 시작했습니다. 그리고 2017년 시즌을 마지막으로 은퇴를 선언했지요.

선수 생활을 하는 오랜 시간 동안 이승엽에게는 수차례 슬럼프가 찾아왔지만, 피나는 노력으로 묵묵히 이겨 냈습니다. 그 결과 소속 팀인 삼성 라이온즈를 한국 시리즈에서 네 차례 우승으로 이끌었고, 2016년에는 한일 통산 600호 홈런을 달성했습니다.

은퇴를 앞두고 있는 2017년, 이승엽이 경기에 나가는 횟수는 다른 시즌에 비해 확연히 줄었습니다. 부상의 이유도 있지만 팀을 위한 그의 후배를 생각하는 마음 때문이기도 해요. 그는 새로운 기록을 세우는 것 이상으로 후배 격려를 중요하게 생각하고 있답니다. 야구는 팀워크가 특히나 중요한 스포츠라는 것을 잘 알고 있었기 때문이지요. 그럼 이제 이승엽 선수에 대해 조금 더 알아볼까요?

who? 지식사전

이승엽 선수에게 붙은 많은 별명은 그만큼 선수로서의 활약이 뛰어났다는 것을 대변합니다.

이승엽은 별명왕!

우리나라는 물론 세계 야구 선수 중에서도 이승엽만큼 많은 별명을 갖고 있는 선수도 없을 거예요. 홈런을 잘 쳐서 '국민 타자', 삼성 라이온즈에 소속되었기 때문에 붙여진 '라이온 킹', 국제 대회에 출전해 팀을 우승으로 이끌어 후배들이 병역을 면제받을 수 있도록 해 주었다는 뜻으로 '합법적 병역 브로커', 일본 활동 시절에 불리던 애칭 '승짱', 중요한 순간에 꼭 홈런을 쳐서 2점을 뽑아 준다는 뜻의 '이점엽' 등이 있습니다. 이러한 별명들은 이승엽이 최고의 야구 선수라는 것을 대신 말해 주지요.

이승엽 선수가
먹는 걸 그렇게
좋아했어도 야구보다
좋아하진 않았대.

하나 야구는 내 운명

유난히 먹을 것을 좋아하고 개구쟁이였던 초등학생 시절,
'멀리 던지기 대회'에 출전한 이승엽을 눈여겨본 야구 감독의
권유를 시작으로 그의 머릿속은 '야구'로 가득 찼습니다.
하지만 운동선수로의 진로를 탐탁지 않게 여긴 아버지의
반대에 부딪쳤고, 이승엽은 한 달 동안 단식 투쟁까지
하며 아버지를 설득해 나갔습니다. 결국 아버지의 허락을
받아 초등학교 4학년에 야구 선수가 된 이승엽은 천부적인
재능을 보이며 중고등학교 때 투수와 타자 모두 뛰어난
스타플레이어로 활약했고, 1993년 청룡기 대회에서 팀을
우승으로 이끌었어요. 그리고 지금과 같이 한국을 대표하는
야구 선수로 우뚝 섰습니다.

일본 요미우리 자이언츠 시절의
이승엽 ⓒ Cake6

둘 끊임없는 노력

'이승엽'하면 국민 타자라는 말이 떠오르지만, 처음 그의
포지션은 투수였습니다. 1995년 삼성 라이온즈에 투수
유망주로 입단했지요. 그러나 곧 팔꿈치 부상으로 정상적인
경기를 벌일 수 없었고, 박승호 타격 코치의 권유에 타자로
전향하게 됩니다. 모두들 걱정했지만 이승엽은 타자로 전향한
지 2년 만에 홈런왕을 비롯해 최우수 선수(MVP)로
선정되었답니다.
이승엽은 "평범한 노력은 노력이 아니다."라고
말합니다. 그 말처럼 그는 최고의 자리에 오른
뒤에도 연습을 게을리하지 않았고, 좀 더 나은
기록을 위해서 새로운 타격 자세를 연구하고, 변화를
시도했습니다. 이처럼 이승엽은 스스로가 만족할
수 있는 순간까지 멈추지 않는 노력을 했기 때문에
지금의 자리에 오를 수 있었던 것입니다.

이승엽 선수가 초등학생 야구 선수를 지도하고 있습니다.

셋 　 **겸손한 자세**

이승엽이 한국 통산 400호 홈런을 쳤을 때입니다. 신기록을
세운 너무나 기쁜 순간이지만, 그는 환호하는 대신 묵묵히
그라운드를 돌아 홈으로 들어왔습니다. 자신이 홈런을 치면
후배들이 기죽을까 봐 행동을 조심한 것이었어요.
팀을 승리로 이끄는 중요한 역할을 해내고도 "역할이
없지는 않았지만 혼자 한 게 아닙니다. 모든 선수가
잘했고, 전 마무리를 한 것뿐입니다."라며 겸손한 태도를
보였지요.

이승엽은 폭염 속 연습에서도 웃음을 잃지 않았고,
후배들을 살뜰히 챙기는 모습을 보였습니다. 그래서
2017년 〈스포츠 경향〉에서 조사한 '현재 KBO 리그
구단 입장에서 가장 바람직한 스타상'에서 10개 구단
관련인 100명 중 46명이나 그를 지목할 정도로 인정받고
있습니다.

2015년 6월 3일 포항 야구장에서 이승엽의
한국 통산 400호 홈런이 터졌습니다.

who? 지식사전

이승엽과 사람들

이승엽은 어린 시절부터 기량이 뛰어났습니다. 하지만 그가 최고의 야구 선수가 된 데에는 그를 이끌어 준 많은 사람들의
도움도 컸어요. 초등학교 때 처음 야구 선수로 발탁된 것도 이승엽의 자질을 알아본 야구부장 선생님 덕분이었듯이 이승엽의
야구 인생에서 빼놓을 수 없는 사람들이 있습니다.

• 박승호: 이승엽은 1995년 삼성 라이온즈에 투수로 입단하였습니다. 하지만 고등학교 시절 당했던 팔꿈치 부상은 프로
입단 이후 투수 훈련에까지 영향을 미쳤고, 제대로 된 훈련을 받지 못했지요. 박승호 타격 코치는 이런 이승엽에게 타자로 뛸
것을 권유했고, 이를 받아들인 이승엽은 이후 완전히 타자로 전향하였습니다.

• 박철순: 1982년 한국 프로 야구가 출범하자 OB 베어스에 입단하여 최고의 활약으로 팀을 우승으로 이끌었던 투수로,
이승엽은 고등학교를 졸업할 때까지 박철순을 우상으로 삼았습니다. 투수에서 타자로 전향한 스무 살의 이승엽은 당시
우상이었던 박철순을 상대로 홈런을 기록했지요.

• 장종훈: 현 롯데 자이언츠 2군 타격 코치를 맡고 있는 장종훈은 1980년대 후반과 1990년대 초반 우리나라를 대표하는
최고의 홈런 타자였습니다. 이승엽 선수의 등 번호 36번은, 장종훈 선수의 등 번호인 35번에 1을 더한 것으로 장종훈을
뛰어넘는 타자가 되겠다는 다짐이 담겨 있다고 합니다.

기록을 깨는 기록

41세의 나이로 4번 타자를 맡고 있던 이승엽.
그의 마지막 시즌인 2017시즌에서도 홈런을 쏘아 올리며
13시즌 연속 두 자릿수 홈런 기록을 달성했습니다.
매년 홈런을 최소 10개 이상씩 쳤다는 말입니다.
1995년 프로 야구에 입단한 뒤, 1999년에 최연소 100호
홈런, 2001년에 또 최연소 200호 홈런을 기록한 뒤
1년 뒤인 2003년에는 세계 최연소 및 최단 경기 300호
홈런과 아시아 신기록인 56호 홈런을 기록했지요.
2004년부터 일본 프로 야구에서 선수 생활을 한 뒤,
2012년 한국으로 복귀하여 한일 통산 500호 홈런,
2013년 KBO 통산 최다 홈런(352개), 2016년
한일 통산 600호 홈런, 2017년에는 프로 야구 최초
4,000루타를 달성하는 기록을 세웠습니다.

2016년 9월 14일, 이승엽은 한일 통산 600호 홈런을 날렸습니다.

• 백인천: 1995년 장거리 타자로 자질을 보였던 이승엽은 백인천 감독에게서 전수받은 외다리 타법으로 본격적으로 홈런 타자의 실력을 뽐내기 시작했습니다.
• 타이론 우즈: 1998년 시즌, 이승엽과 시즌 최다 홈런 경쟁을 벌인 미국인 선수 타이론 우즈. KBO에서는 두산 베어스의 외국인 선수로 활약했습니다. 이승엽은 1998년 타이론 우즈에게 밀려 2위를 했지만, 다음해인 1999년에 KBO 리그 최초 50홈런을 넘어서는 대기록을 세웠습니다.
• 정창용: 정창용은 학창 시절 야구 선수로 지내다 팔꿈치 부상으로 야구를 접어야 했습니다. 대학을 졸업하고 일본에서 트레이너 자격을 취한 그와 이승엽의 인연은 2006년부터입니다. 정창용은 일본에서 프로 활동을 하던 이승엽의 통역은 물론 운동과 연습에도 여러 가지 도움을 주었답니다. 2017년 3월, 이승엽은 정창용이 대표로 있는 레인컴퍼니 스포츠 에이전시와 계약했습니다.

이승엽에게 외다리 타법을 가르쳐 준 백인천 감독

★ 2 프로 야구 선수

1989년, 이승엽은 대구에서 야구를 가장 잘한다고 알려진 경상 중학교에 들어갔습니다.

하나! 둘! 셋! 넷!

하나! 둘! 셋! 넷!

경상중학교

다들 잘하니 나도 그저 평범한 선수 같아.

그저 평범한 선수가 목표였다면 시작도 안 했어.

중학생 이승엽은 스스로의 실력에 만족하기 위해
더욱 열심히 훈련에 임했습니다.

마지막 한 타자만 잡으면
*노히트 노런이다!

스트라이크 아웃!
게임 종료!

와~ 신난다!

중학생이
노히트 노런이라니……!

* **노히트 노런** 투수가 한 경기에서 안타와 점수를 하나도 내주지 않고 이기는 일

돈이잖아?

이승엽 선수를 저희 고등학교 야구팀으로
스카우트하고 싶습니다.
부탁드리는 의미에서
준비했습니다.

승엽이 실력이라면
탐날만 하지.

하지만 실력을 돈으로
사는 학교라면, 선수의
장래보다 자기들이 쏟아부은
돈을 먼저 생각할 게 뻔해.

아버지,
다녀오셨어요?

오냐.

이승엽은 다른 고등학교의 스카우트에 개의치 않고, 야구 명문 경북 고등학교에 진학했습니다.

공만 잘 던진다고 투수가 아니야. 타자와의 머리싸움에서 이겨야지.

네, 알겠습니다. 코치님.

공을 이렇게 잡고 던져 봐.

이렇게 말입니까?

공이 휘면서 가라앉았어요!

그게 *슬라이더다. 고교 시합에서는 아무래도 직구만으로 승부하기 힘들 테니 *변화구 하나 정도는 익혀 두는 게 좋을 거다.

변화구는 내 비장의 무기가 될 거야.

슈우욱

팡

팡

휴, 너무 무리했나.

변화구를 열심히 익힌 이승엽은 투수로 뛰어난 활약을 펼쳤습니다.

우웃!

스트라이크!

경북 고교

* **슬라이더** 변화구의 한 종류. 직구처럼 빠르게 날아오다가 홈 플레이트 근처에서 급격하게 방향을 비틂
* **변화구** 날아가는 방향이 변화하는 공

1993년, 어느덧 고등학교 2학년이 된 이승엽은 고등학교 야구 대회 중 가장 전통 깊은 *청룡기 대회에 주전 투수로 출전했습니다. 당시 고교 야구는 지금의 프로 야구만큼이나 인기가 높았습니다.

경북! 경북!
우승은 우리 것!

역전의 명수,
군산상고!
반드시 이긴다!

와
야
야

와
야
야

이승엽의 학교인 경북고와 역전의 명수로 이름난 군산상고가 결승에 올랐습니다.

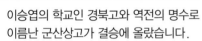

간다!

스트라이크!
스리아웃!

팡

* **청룡기 대회** 전국 고교 야구 선수권 대회, 〈조선일보〉가 주최하면서 '청룡기 대회'라고 불렸음

왔다!

이승엽은 이 경기에서 타자로도 큰 활약을 펼쳤습니다.

역전이다!
역전!

경북고는 군산상고를 7 대 3으로 꺾으며 청룡기 대회에서 우승을 차지했고, 이승엽은 우수 투수상을 받았습니다.

시간이 흘러 고등학교 3학년 이승엽은 청소년 국가 대표가 되었고, 캐나다 브랜든에서
열릴 '세계 청소년 야구 선수권 대회'에 투수로 참가할 계획이었습니다.

이렇게 중요한 때에
팔꿈치가 왜
말썽이야……

너무 무리하다
큰 부상으로
이어질 수 있어.

승엽, 이번 경기는 타자로
출전하는 것에 만족하자.

세계 무대에서
*좌투 수로
이름을 떨칠 수 있는
좋은 기회였는데…….

* **좌투수** 왼손으로 공을 던지는 투수

1994년 8월, 한국 청소년 대표 팀은 예선전에서 아마추어 최강인 쿠바를 누르고 결승에 올라 미국과 맞붙었습니다.

한국, 파이팅!

미국 야구 역시 만만치 않네.

야구 종주국은 다르다니깐.

아직 포기하긴 일러.

한국 대표팀이 10 대 8로 뒤지고 있던 상황.

내가 어떻게 시작한 야군데…….

반드시 역전시켜서 아버지 앞에 당당히 설 거야.

* **삼진 아웃** 투수가 스트라이크 존으로 던진 공을 세 번 쳐 내지 못한 경우, 타자는 아웃

승엽아, 네가 선두 타자니까 몸에 맞든 안타를 치든 무조건 나가야 한다.

이번이 마지막 기회라 생각하고 꼭 역전시켜야 해.

지금 홈런을 치려는 욕심은 버리자.

적막을 깨고, 이승엽이 진루에 성공했습니다.

좋았어. 승엽이가 진루했으니 이 기회를 살려야 해!

이어서 안타가 터지고, 한국 청소년 대표 팀의 득점이 이어졌습니다.

*삼진 아웃!

우승이야!

결과는 11 대 10으로 한국 승. 한국은 이 대회에서 13년 만에 우승의 기쁨을 맛보았고, 이에 기여한 이승엽은 홈런상과 타점상을 거머쥐었습니다.

이승엽의 집

어머니, 다음 대회에서는 꼭 투수로 출전해서 세계에 제 이름을 알리고 말겠어요!

그나저나 이 팔로 괜찮았니?

아버지, 경기 보셨어요? 드릴 말씀이……

이제 곧 졸업인데 대학에 갈 준비를 해야지.

네 경기 보면서 어찌나 좋아하셨는지 모른다.

아버지, 저 대학 안 가고 싶어요.

뭐라고?

고등학교를 졸업하면
곧바로 프로 팀에
입단하겠습니다.
*삼성 라이온즈로요.

그렇게 쉽게 생각할
문제가 아니다. 너무 일찍
프로 무대에 뛰어들었다가
실패하는 경우가 많아.

승엽아,
아버지 말씀이 틀린 건
아니란다.

……

내가
성급한 걸까?

대학 야구부에서는
배울 게 없어
보이는데……

* **삼성 라이온즈** 대구가 연고지인 KBO 소속 프로 야구팀

이승엽은 고민 끝에 부모님의 뜻에 따라 체육 특기생으로 대학 진학을 준비했고,
입학 전 미리 대학 야구부 합숙 훈련에 들어갔습니다.

따라 한다.
선배는
하늘이다!

선배는 하늘이다!

오늘 저녁,
학교 앞 술집에서
환영회가 있을 예정이다.
한 명도 빠지지 마.

네!

네? 이걸
먹으라고요?

야, 이승엽!
선배가 시키면,
다 하는 거야.

운동선수가
술은 왜 마셔야
하는 걸까…….

대학에서의 합숙 생활은 이승엽의 생각과 달랐습니다.

프로 팀에서도 탐낼 실력을 가진 내가 여기서 이러고 있어야 하다니.

우리 삼성 라이온즈에서는 이승엽 선수와 같은 좌투수가 꼭 필요합니다.

아버지를 설득하는 것도 쉬운 일이 아니고······.

차라리 대학에서 오지 말라고 하면 얼마나 좋아.

그래! 안 가는 방법은 없지만, 못 가는 방법은 있어.

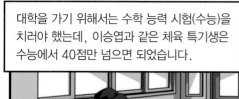

대학을 가기 위해서는 수학 능력 시험(수능)을 치러야 했는데, 이승엽과 같은 체육 특기생은 수능에서 40점만 넘으면 되었습니다.

정답이 보통 3번이나 4번인 경우가 많더군.

틀릴 거야. 40점을 넘기면 안 돼.

그럼 난 1번이나 5번을 찍어야지.

200점 만점에 37.5점을 받을 수 있는 사람도 있니?

아버지, 저 프로 팀에 가서 누구보다 열심히 할 자신 있습니다!

이제 선택할 필요도 없구나. 한번 해 보거라.

이승엽은 성적을 낮게 받아 대학에 못 가는 방법을 선택했던 것입니다.

프로 야구 선수 **55**

한국의 고교 야구

한국 야구 100주년 기념 최우수 고교 대회 정상에 오른 인천 고등학교 선수들. 감독을 헹가래 치며 기뻐하고 있습니다.

야구는 직접 경기장에 가서 관람하지 못하더라도 TV나 인터넷 생중계 방송으로 볼 수 있습니다. 하지만 여기서 이야기한 야구는 프로 야구에 한정되며, 한때 인기가 하늘을 찔렀던 고교 야구(고등학교 야구부 사이의 시합)는 이제 자주 접하기 어려워졌지요.

우리나라의 고교 야구는 1905년, 한성 고교(현재 경기고)와 황성 기독교 청년회 야구팀의 빈번한 경기로부터 비롯되었습니다. 이를 계기로 점차 보성, 중앙, 배재 등 다른 고등학교에서도 팀을 창단해 실력을 겨루게 된 것이지요. 시작은 무명옷에 짚신을 신고 그라운드를 뛰는 정도였지만, 1920년 '제1회 전국 대회'를 개최하면서 고교 야구는 엄청난 인기를 끌었습니다. 그래서 당시의 고교 야구는 실업 팀이나 대학 팀과 실력이 비슷하거나 어떤 때는 더 뛰어나기도 했답니다.

동대문 야구장은 서울 광희동에 있었던 야구장으로, 지금은 철거되어 동대문 역사 문화 공원이 들어섰어.

하나 ｜ 고교 야구에 열광한 이유는?

우리나라는 일제 강점기를 거치고 1945년 해방을 맞이했습니다. 그리고 1년 뒤인 1946년, 〈자유신문〉이 주최한 '전국 고교 야구 선수권 대회'가 창설되었지요. 동대문 야구장에는 1만 명이 넘는 사람으로 가득 찼고, 전국에 야구 열풍이 불어닥쳤습니다. 그러다 1950년에 발발한 6·25 전쟁으로 야구 대회는 3년 동안이나 중단되었지만, 1953년 휴전되면서 다시 시작되어 고교 야구는 프로 야구가 등장하기 전인 1980년대까지 어마어마한 인기를 누렸습니다. 야구 대회가 열리는 날이면 관중석은 늘 꽉 찼고, TV에서는 뉴스 대신 야구 중계를 할 정도였어요.

고교 야구가 이렇게까지 인기를 끈 이유는 무엇일까요? 당시의 야구는 우리나라 국민에게 희망과 같은 의미였습니다. 나라의 암울한 시기를 버틴 국민들이 하나로 뭉쳐 선수들을 응원하며 즐거움을 얻었지요. 국민들은 선수들이 보이는 순수한 열정과 협동심, 끈기를 통해 새로운 희망을 얻을 수 있었습니다.

1974년 청룡기 대회에서 우승한 경북고 선수에게 청룡기를 수여하고 있습니다.

둘 어떤 대회가 있었을까?

1946년 9월 12일에 개최된 '전국 고교 야구 선수권 대회'는 〈자유신문〉이 주최하다가 8회부터 〈조선일보〉가 주최하면서 '청룡기 전국 고교 야구 선수권 대회(청룡기 대회)'로 명칭이 바뀌었습니다. 우리나라에서 가장 오래된 고교 야구 대회로 지금까지 이어지고 있지요. 청룡기 대회를 포함해 고교 야구 전국 4대 대회로 〈동아일보〉가 주최하는 '황금사자기 대회', 〈한국일보〉가 주최하는 '봉황대기 대회', 〈중앙일보〉가 주최하는 '대통령배 대회'가 있습니다. 대회 이름에 들어간 '기(旗)'는 깃발, '배(盃)'는 컵을 뜻하고, 우승을 상징하는 깃발이나 컵을 쟁취한다는 의미가 있답니다.

1986년 봉황기 대회 결승전에서 부산고가 광주 진흥고를 물리치고 우승했습니다.

who? 지식사전

야구와 발야구

야구는 아홉 명의 선수로 구성된 두 팀이 9회 동안 번갈아 가며 공격과 수비를 통해 승부를 가르는 경기입니다. 수비 팀 투수가 공을 던지면 홈에 서 있던 공격 팀 타자가 배트를 휘둘러 공을 쳐 내고, 1~3루 순서대로 이동한 뒤 다시 공을 쳤던 홈으로 들어오면 1점을 획득해요. 학교에서 자주 하는 경기 중 야구와 비슷한 '발야구'가 있습니다. 경기 규칙은 야구와 비슷하나 공을 배트로 치는 대신 발로 차서 승부를 겨루지요. 발야구는 학교에서 야구 대신 하는 스포츠로 인기 있지만, 정식 스포츠 종목으로 등록되어 있지는 않답니다.

발야구도 야구와 같은 경기 규칙으로 진행됩니다. © junpei

1982년. 황금사자기 대회에서 경북고와
부산고의 치열한 경기 장면

셋   치열해진 경쟁

고교 야구 대회는 같은 지역의 학교끼리 조별 예선전을 치르고
여기서 상위권 성적을 거둔 팀이 모여 왕중왕전 대결을 벌이는
방식으로 진행되었습니다. 예선전부터 결승전까지 관중석이
꽉 찰 정도로 열띤 응원을 받았지만, 이 인기도 1982년 프로
야구의 출범부터 서서히 가라앉기 시작했습니다. 그리고 야구
선수들에게도 고교 야구는 생활 체육이 아닌, 대학 진학이나
프로 팀 진출을 하기 위해 서로 경쟁하는 수단이 되기도
했지요. 프로 팀은 실력이 뛰어난 선수를 지명해 뽑아 갔기
때문에 같은 팀이라도 서로 경쟁할 수밖에 없게 된 것입니다.
그래서 2011년부터 도입된 것이 '고교 야구 주말
리그제'입니다. 평일에는 수업을 듣고, 주말에 야구를 하는
학생 야구 선수를 육성하자는 취지로 시작되었어요. 그러나
주말 리그제 도입으로 선수들 실력이 떨어지고 학습할 시간도
부족하다는 등 기존의 문제를 해결하지 못해, 고교 야구의
제도적 개선은 좀 더 지켜봐야 할 것으로 여겨지고 있습니다.

who? 지식사전

좌투수는 왼손으로 공을 던지는
투수를 말합니다.

우타자 잡는 좌투수

프로든 아마추어든, 뛰어난 좌투수는 팀의 승리에 큰 도움이 되기 때문에 지옥에
가서라도 데려와야 한다는 말이 있을 정도로 중요한 존재랍니다. 왜 그럴까요?
그 이유는 좌투수의 수가 우투수에 비해 적기 때문입니다.
통상적으로 좌투수는 좌타자에게, 우투수는 우타자에게 불리하다고 합니다. 사용하는
손에 따라 던진 공이 그리는 궤적이 달라지거든요. 같은 이유로 좌투수는 우타자에게,
우투수는 좌타자에게 유리한 편입니다.
전 세계 인구의 80%는 오른손잡이라고 합니다. 우타자는 많고 우타자에게 유리한
좌투수는 적을 테니, 뛰어난 좌투수라면 어느 팀이나 탐낼 만하지요.

여전히 뜨거운 일본 고교 야구

일본은 아시아에서 역사가 가장 긴 프로 야구 리그를
가지고 있고, 일본 내에서도 야구는 스모와 함께
국기(國技)로 평가받고 있습니다. 또한 고교 야구도
프로 야구만큼이나 높은 인기를 자랑하지요.
일본의 고교 야구 선수는 약 17만 명, 야구팀은 4천여
개가 넘습니다. 그러나 우리나라처럼 프로로 진출하기
위한 관문이 아닌, 취미 활동으로써의 목적이 강한
편입니다. 그래서 고등학교 3학년을 마치고, 다른
진로를 찾아가는 경우도 많답니다.
일본 고교 야구 대회 중 가장 유명한 것은 '한신
고시엔 대회'입니다. 고시엔 대회는 매년 주요
방송사에서 생중계 해 주고, 입장권을 사기 위한
경쟁도 치열합니다. 경기마다 관중이 가득 찰
정도라니, 일본 고교 야구의 여전한 인기를
짐작할 수 있겠지요?

1924년 갑자년(甲子年)에 완공되어 '한신 고시엔
(甲子園) 구장'이라고 부릅니다. ⓒ 百楽兎

외야석에서 바라본 고시엔 구장 ⓒ 百楽兎

일본 고교 야구의 최종 목표, 한신 고시엔 대회

우리나라의 청룡기, 황금사자기 대회와 같은 일본의 고교 야구 대회는 '한신 고시엔
대회'예요. 일본 프로 야구팀 한신 타이거즈의 홈구장인 고시엔 구장에서 대회가 열리기
때문에 붙여진 이름이지요.
고시엔 대회에는 한 가지 전통이 있습니다. 바로 시합에서 진 팀이 고시엔 구장의 흙을
가져가는 거예요. 명확한 이유는 없지만 시합에서 패배한 것을 잊지 않기 위해서와 고시엔
대회에 출전한 것을 기념하기 위해서라고 해요. 또 1, 2학년은 다음 해에 고시엔으로
돌아오겠다는 다짐을 한다고 합니다. 이렇듯 일본 고교 야구 선수들의 목표는 한신 고시엔
대회에서 우승하는 것입니다. 전국의 고교 야구팀 중 단 49개 팀만이 참여할 수 있고,
특히 시합에서 진 3학년 선수들은 고교 야구부 활동이 끝나기 때문이지요.

고시엔 구장에는 진 팀이 흙을 담아
가는 전통이 있습니다.
ⓒ DX Broadrec

3 투수에서 타자로!

고등학교 졸업에 맞추어 이승엽은 삼성 라이온즈에 투수로 입단하였습니다.
구단 측에서도 좌투수 유망주인 승엽에게 최고의 대우를 해 주었습니다.

투수없이 야구 경기는 진행될 수 없지.

프로의 세계에서 최고의 투수가 되고 말 거야.

입단한 뒤 첫 시즌은 1995년의 한국 프로 야구는 LG 트윈스,
태평양 돌핀스, 한화 이글스, 해태 타이거즈가 4강을 이루고 있었고,
삼성 라이온즈는 상위권을 노리고 있었습니다.

자자! 선수들 기량도 더욱 보강했으니, 올해는 더욱 열심히 달려 보자!

파이팅!

왜 아무도 안 오지?

앗!

몸이 아직 덜 풀렸나?

포수 겸 1루수 이만수

난 다 풀린 것 같은데~

강속구 투수 김상엽

엄청난 선수들이잖아?

관리들 잘하라고.

대표 좌투수 성준

이번에 입단한 선수니?

아~ 새로 들어온다던 고졸 출신 투수?

중심 타자 양준혁

인사 올립니다! 이승엽이라고 합니다!

좌투수라고 들었어. 앞으로 기대가 크다!

이런 선배님들과 경기장에서 어깨를 나란히 하게 되다니. 정말 영광이야.

부푼 꿈을 안고 훈련에
전념하던 어느 날

팔꿈치가
왜 이러지?

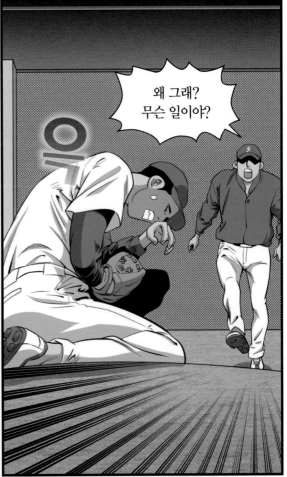

왜 그래?
무슨 일이야?

삼성 라이온즈 입단 초기부터 이승엽은 고등학교 때 당했던 팔꿈치 부상으로부터 자유롭지 못했습니다.

겨울 훈련은 힘들어도
*스프링 캠프에는
꼭 참여해야 하는데…….

한 번 더!

다시 저렇게 공을
던질 수 있을까?

* **스프링 캠프** 프로 야구 선수들이 한 시즌을 준비하기 위해 함께 먹고 자며 집중적으로 하는 단체 훈련

투수가 공 던지는 훈련을 못하다니…….

박승호 타격 코치

1995년 2월, 스프링 캠프가 시작되었습니다.

코치님, 저 이제 훈련에 참여해도 될까요?

조금 더 기다려. 부상이 재발하면 앞으로가 힘들어져.

8월은 돼야 제대로 된 투구를 시작할 수 있을 겁니다. 무리하면 부상 부위를 다시 다칠 수 있으니 조심해야 합니다.

빈손으로라도
투구 연습을 해야지, 뭐.

하나! 둘!

투수로 큰 활약을 기대하고
높은 연봉으로 영입했는데, 오자마자
부상이라니…….

저 선수, 저렇게
시간 보내게 하면 안 될
사람입니다.

부상 때문에 투수로서 제대로 된 훈련을 하지도 못한 이승엽은 크게 낙담했습니다.
또 삼성 라이온즈 측도 공들여 데려온 좌투수의 활약을 볼 수 없어 실망이 클 수밖에 없었습니다.

이승엽, 너 타자 한번 해 봐라.

네? 타자요?

타격 실력도 꽤 쓸 만하던데.

무슨 소리예요, 코치님. 제 목표는 우승 투수입니다.

지금 삼성에는 중심 타자로 내세울 만한 좌타자가 없어.

하지만 저는 타자가 아니라 투수로 입단했습니다.

결정은 네가 하는 거야. 강요할 수는 없다.

하지만 내 생각엔 타자 생활을 경험해 보는 것도 좋을 것 같다.

투수에서 타자로 포지션을 전향하기로 한 이승엽의 도전은 타격 자세를 익히는 것부터 시작되었습니다.

집중하라고, 집중!

좋아! 의지가 습관을 지배하는 법이다.

타격 자세를 익힌 이승엽은 투수들이 던지는
다양한 공을 쳐 내는 훈련도 시작했습니다.

온다, 온다.

이런, 눈앞에서
공이 휘잖아!

어깨에 힘을 빼!

어깨에 힘이 들어가면 반응 속도는 반 박자가 늦어진다.

그 반 박자를 놓치면 좋은 타구가 나올 수 없어!

고졸 신인, 이승엽 선수에게 주목하십시오!

이렇게 많은 관중은 처음이야. 엄청 떨리네.

그렇게 하여 이승엽은 투수가 아닌 타자로 프로 무대에 올랐습니다.

저런 새내기 타자에게는 빠른 공이 약이지.

스트라이크 아웃!

우우우~

형편없잖아!

프로 무대가 주는 긴장감에 이승엽은 제대로 된 스윙 한 번 해 보지 못했습니다.

벌써 데뷔 한 달이나 지났는데 *안타 한 번 못쳤어.

노력으로도 안 되는 게 있는 걸까?

너 정말 잘하고 있는 거다, 이승엽.

선배님…….

이만수

야구는 결국 정신력 싸움이야.

양준혁

그라운드에 너와 공, 둘만 있다고 생각해. 다른 건 신경 쓰지 말고.

감사합니다.

* **안타** 야구에서 타자가 한 베이스 이상을 갈 수 있게 공을 치는 일

시간이 지나 1995년 5월 2일, 삼성 라이온즈와 해태 타이거즈의 경기가 열렸고, 이승엽은 상대 에이스 투수인 이강철 선수와 맞섰습니다.

후~

연습 때처럼 어깨에 힘을 빼고!

가 보자, 이승엽!

슈우욱

연습 때처럼 힘을 빼고!

부드럽게!

간다!

첫 홈런 이후, 이승엽은 자신의 실력을 제대로 보여 주기 시작했습니다.

이승엽 제대로 터졌다!

새끼 사자 이승엽 10호 홈런 기록!

New 홈런왕의 탄생!

승엽! 타자 포지션이 네게 더 잘 맞는 거 아니야?

대단해!

조금 더 해 보고 싶어.

앞으로 더 잘할 수 있을 것 같아!

타자 포지션에 성공적으로 적응한 이승엽의 마음속에는 우승 투수가 아닌, '홈런왕'이라는 새로운 꿈이 싹트기 시작했습니다.

온통 승엽이 얘기야.

신인들은 마음이 들뜨기 쉬운데 걱정이군요.

코치님.

제 행동이나 타격 자세에 문제가 생기면, 꼭 말씀해 주십시오.

그럼 전 훈련 가 보겠습니다.

그래. 가 봐.

* **타율** 안타 수를 타수로 나눈 값으로 타자의 타격 능력이라 말할 수 있는 기록
* **타점** 야구에서 안타 등으로 득점한 점수

단숨에 주목 받기 시작했지만 이승엽은 겸손한 태도를 잃지 않았고, 1995년 시즌에서 *타율 2할 8푼 5리, 홈런 13개, 73*타점을 기록하며 장거리 타자로서 자질을 보였습니다.

한국의 프로 야구

한국 프로 야구는 1982년 1월, 'OB 베어스'를 비롯한 6개 구단으로 시작되었습니다. 그해 3월 27일, 동대문 야구장에서 열린 MBC 청룡(현재의 LG 트윈스)과 삼성 라이온즈의 시합이 한국 프로 야구의 첫 시합이었어요.

한국 프로 야구는 미국 프로 야구의 '대도시 본거지(주로 활동하는 곳) 제도'와 일본 프로 야구의 '대기업 중심제'를 절충해 만들었습니다. 그래서 구단의 이름에서도 알 수 있듯 프로 야구의 구단주는 대부분 대기업이고, 초창기에는 구단주부터 선수까지 모두 같은 지역 출신으로 구성되어 지역적 특성이 강했답니다. 이후 리그 운영 방식 등이 조금씩 바뀌면서 KIA 타이거즈, 키움 히어로즈, 두산 베어스, 롯데 자이언츠, 삼성 라이온즈, 한화 이글스, kt 위즈, LG 트윈스, NC 다이노스, SSG 랜더스 총 10개 구단으로 발전했답니다.

한국 야구 위원회(KBO)의 로고. KBO는 한국 프로 야구단을 관리하고 홍보합니다.

한화 이글스의 마스코트 독수리. 1986년 대전을 연고지로 한 빙그레 이글스가 한화 이글스로 이름이 바뀌었습니다.
© USAG-Humphreys

하나   최초의 여섯 구단

한국 프로 야구는 서울의 'MBC 청룡', 경기·인천·강원도의 '삼미 슈퍼스타즈', 충청도의 'OB 베어스', 전라도의 '해태 타이거즈', 대구의 '삼성 라이온즈', 부산의 '롯데 자이언츠' 등 총 6개 구단으로 시작했습니다. 그러던 중 1984년 'OB 베어스'가 연고지(인연을 맺은 곳)를 서울로 바꾸면서 충청도에 새로운 팀이 필요하게 되었어요. 프로 야구 출범 후 인기가 예상을 뛰어넘자 대기업에서는 새로운 구단을 창단했고, 결국 1986년부터 한화 그룹의 '빙그레 이글스'가 참여하게 되었습니다. 시간이 흐르면서 일곱 개의 구단은 해체되거나 새롭게 창단되었고, 이름이 바뀌기도 했습니다. '삼미 슈퍼스타즈'는 1985년 '청보 핀토스', 1988년 '태평양 돌핀스'가 되었다가 1996년 '현대 유니콘스'로 이름을 바꾸어 활동한 뒤 2005년 결국 해체되었어요. 그리고 'MBC 청룡'은 1990년 'LG 트윈스'로, '빙그레 이글스'는 1993년 '한화 이글스', '해태 타이거즈'는 2001년 'KIA 타이거즈'로 이름을 바꾸어 지금까지 활동하고 있습니다.

처음 한국 프로 야구는 전기 리그와 후기 리그로 나누어 게임을 치렀어요. 전기 우승 팀과 후기 우승 팀이 결승전을 치러 최종 우승 팀을 가리는 방식이었고, 첫 우승 팀은 'OB 베어스'였답니다.

1982년, 한국 프로 야구의 결승전(한국 시리즈)이 열리던 동대문 운동장. 한 시즌 관중이 600만 명을 돌파했습니다.

둘　냉정한 실력의 세계, 1군과 2군

미국 야구 중계를 보면 메이저 리그, 마이너 리그라는 말을 들어 본 적이 있을 겁니다. 메이저 리그는 최상위 선수들이 모여 있는 리그, 마이너 리그는 그보다 성적이나 컨디션이 덜 좋은 선수가 모여 있는 리그예요. 이처럼 우리나라 야구도

who? 지식사전

월드 베이스볼 클래식, WBC

전 세계적으로 야구가 인기를 끌자 야구의 세계화를 위해 월드컵처럼 국가 대항전을 만들자는 움직임이 생겼습니다. 그렇게 하여 메이저 리그 사무국이 주도하여 탄생한 것이 바로 WBC랍니다.

WBC는 월드 베이스볼 클래식(World Baseball Classic)의 약자예요. 처음 이 대회를 '야구 월드컵'이라고 정하고 싶었지만, 이미 국제 야구 연맹에서 사용하던 단어였기 때문에 WBC가 되었습니다.

경기는 토너먼트(경기를 거듭할 때마다 진 팀은 제외하면서 최종 우승을 정하는 방식)로 진행되며 4년에 한 번씩 열린답니다. 2006년 열린 제1회 대회에서는 일본이 우승했고, 우리나라는 2009년 대회에서 은메달을 기록했습니다.

2006년에 개최한 WBC에는 16개 팀이 참여했습니다. © ilovemypit

성적을 통해 1군, 2군으로 나뉘어 국내·국제 대회의 출전 여부와 연봉 등에서 많은 차이를 두고 있습니다. 특히 1군은 실력이 뛰어난 선수들의 모임이라 온 국민의 관심을 받으며 선수 생활을 한답니다.

하지만 1군 선수 중에서 부상이나 컨디션 저하로 성적이 떨어지면 2군으로 갈 수도 있고, 반대로 2군 선수 중에서도 잘하면 1군으로 승격되기도 합니다.

2010년 한국 시리즈 티켓. 현재는 'KBO 한국 시리즈' 라는 새로운 명칭을 사용합니다.
© Realidad y Illusion

셋 ◁ 최종 우승 팀의 선정

'리그(league)'는 야구, 축구, 농구 등 같은 종목의 경기를 벌이는 스포츠 팀의 집단을 뜻합니다. 한국 프로 야구는 장기적으로 승률을 쌓아 가는 '정규 리그'와 정규 리그가 끝난 후 최종 우승 팀을 가리는 '포스트 시즌'으로 이루어져 있어요. 정규 리그를 통해 매년 4월 초부터 9월 말까지 각 팀이 19회씩 시합을 치르게 됩니다. 여기에서 승률이 높은 5개 팀이 포스트 시즌에 진출하고, '플레이오프'를 통해 우승 팀을 가리지요. '플레이오프'는 원래 운동 경기에서 승률이 같을 때 치르는 연장전, 결승전을 뜻하지만 야구에서는 정규 리그를 끝낸 다음 우승 팀을 가리기 위해 별도로 치르는 경기를 말해요.

who? 지식사전

1962년 7월, 메이저 리그 경기에서 존 F. 케네디 대통령이 시구하는 모습입니다.

꿈의 리그, MLB

'메이저 리그(MLB)'는 미국과 캐나다를 연고지로 하는 프로 야구 구단으로 구성된 상위 리그입니다. 농구, 미식축구, 아이스하키와 더불어 북미 지역에서 가장 인기 있고 큰 규모로 경기가 개최되는 리그이지요.

미국에서는 1869년 프로 구단 '신시내티 레드스타킹스'가 창단되면서 프로 야구가 시작되었습니다. 그리고 3년 뒤, 최초의 메이저 리그인 '내셔널 어소시에이션(전국 직업 야구 선수 연합)'이 설립되었다가 해체되었고, 1876년 '내셔널 리그(NL)', 1901년에 '아메리칸 리그(AL)'가 설립되면서 미국 메이저 리그의 양대 리그가 지금까지 이어오고 있습니다. MLB에서 활약한 우리나라 선수로는 추신수, 오승환, 류현진 등이 있답니다.

우리나라에서는 정규 리그 성적 상위 5팀을 선정하고,
5위 팀과 4위 팀이 '와일드카드 결정전'을 치러요.
여기서 이긴 팀이 3위 팀과 '준플레이오프(5판
3선승제)'를 치르지요. 준플레이오프 우승 팀이
2위 팀과 '플레이오프(5판 3선승제)'를 치르고,
여기서 우승하는 팀이 1위 팀과 시즌 마지막 경기인
'한국 시리즈(7판 4선승제)'를 치러 최종 우승 팀을
선정합니다.

관중들이 자신이 응원하는 팀의 우승을 바라며
관람하고 있습니다. © Choi2451

넷   전지훈련

실외에서 경기를 진행하는 야구는 한겨울에는
치르기 어렵습니다. 그래서 한 시즌이 끝나고
잠시 휴식을 취하지요. 그러나 겨울이라고
선수들의 훈련도 멈추는 것은 아닙니다.
잠시 동안의 휴식을 취한 후, 선수들의 컨디션과
포지션에 따라 최적화된 장소로 이동해요. 이를
'전지훈련'이라고 합니다.
투수 팀은 바람이 많이 불지 않는 곳을, 재활 팀은
의료 기술이 발달한 곳을 선택하지요.
우리나라는 일본이나 미국 등으로 전지훈련을
갑니다. 그리고 시즌이 다가오면 무더운 동남아에
가서 여름 경기를 대비해요. 야구는 봄부터
가을까지 긴 시간 동안 경기를 치르기 때문에
전지훈련을 통해 체력과 컨디션을 가다듬습니다.

2016 프로 야구 한국 시리즈 4차전에서 NC를 물리치고
우승을 차지한 두산 선수들이 그라운드에서 기념식을
하고 있습니다.

미국 애리조나에서 전지훈련을 하는 넥센 히어로즈 선수들

4 외다리 타법의 홈런왕

작년 요맘때만 해도 우승 투수를 꿈꾸고 있었는데…….

빅뉴스! 빅뉴스!

백인천 감독님이 오신대!

정말?

1996년, 전설적인 *4할 타자 백인천이 삼성 라이온즈를 이끄는 새로운 감독으로 온 것입니다.

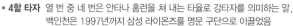

* 4할 타자 열 번 중 네 번은 안타나 홈런을 쳐 내는 타율로 강타자를 의미하는 말,
백인천은 1997년까지 삼성 라이온즈를 명문 구단으로 이끌었음

좋아!

계속 담장을 넘기지 못하잖아.

뭐가 마음에 들지 않나?

타구가 좀처럼 멀리 안 나갑니다.

백인천 감독

음……

너 타격왕 될래, 홈런왕 될래?

외다리 타법의 홈런왕 **85**

홈런왕이요!

그럼 당장 자세부터 바꿔.

네? 이제 타격 자세가 겨우 안정되었다고 생각했는데…….

어떻게 하면 됩니까? 감독님.

투수가 공을 던지려고 할 때, 오른쪽 다리를 가볍게 들어 타이밍을 맞춰 봐.

백인천 감독은 자신이 일본 프로 야구 시절 몸소 터득한 *외다리 타법을 가르쳐 주었습니다.

이렇게 말인가요?

다리를 허리까지 들어 올려 힘을 모으고,

한쪽 다리를 들고도 흔들리지 않는 균형 감각을 키워야 해.

외다리 타법은 중심 잡기는 힘들지만, 타격에 힘이 더 실리지. 승엽이 넌 몸이 유연해서 분명 이 방법으로 큰 효과를 볼 거야.

백인천 감독의 격려는 이승엽에게 깊은 인상을 주었고, 승엽은 이 말에 더욱 힘을 내어 훈련에 몰입할 수 있었습니다.

최고가 될 녀석이야.

* **외다리 타법** 앞쪽의 다리를 지면에서 떼고 높이 들며 타격하는 자세

좋아,
해 보자!

들어 올려서……
버틴다!

누가 이기나 해 보자고!
어차피 처음부터 잘될 거라
생각하지 않았으니까.

다리를 들고 힘을 모았다가
순간적으로 바닥에 내려놓으면서
힘을 배트에 집중시켜야 한다.

이승엽이 믿을 수 있는 건 오직 연습밖에 없었습니다.

투구의 타이밍에 정확히 맞춰서 다리를 올릴 수 있어야 하고,

이승엽! 화장실에서는 좀 편하게 볼일만 보면 안 되겠니?

타격하는 마지막 순간에 힘을 모아 배트를 강하게 돌린다!

후웅—

제발 잠 좀 자자, 승엽아. 응?

미안, 히히.

외다리 타법을 익힌 이승엽은 새로운 마음으로
1997년 시즌을 맞이하였습니다.

수천 번도 넘게
이 순간만 생각했어.

뭐야, 저 녀석.
다리는 왜 저렇게
드는 거지?

오른쪽
변화구다!

이승엽은 시력이 아주 좋은 편은 아니나 움직이는
물체를 재빨리 파악하는 '동체 시력'이 뛰어나
구질 파악이 유리했습니다.

제대로
통했어!

변화구의 방향을
단번에
알아차리다니……

게다가
타격력도
엄청나네.

이승엽의 질주는
어디까지?

경쟁 상대가 없는 홈런왕!
최연소 홈런왕에
오른 이승엽!

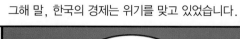

그해 말, 한국의 경제는 위기를 맞고 있었습니다.

수많은 기업이 문을 닫고, 노동자가 직장을 잃고 있습니다.

환율은 상승하고, 주가는 폭락하여 서민들의 고통은 커져만 가고 있습니다.

너무 심각한데?

이러다 나라가 파산하는 건 아닌지……

이승엽은 연신 홈런을 날렸고, 국민들은 그의 홈런을 통해 답답한 마음에 위로를 받았습니다. 이 시기 야구는 국민들에게 희망을 갖게 하는, 스포츠 그 이상의 역할을 해냈던 것입니다.

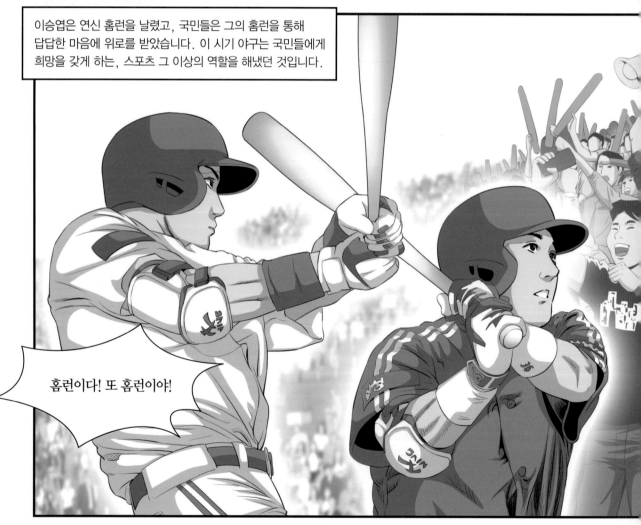

홈런이다! 또 홈런이야!

국민의 응원에 힘입어 이승엽은 1997년 시즌 총 32개의 홈런을 날리며
프로 팀 입단 3년 만에 홈런왕 타이틀을 차지하는 쾌거를 이루어 냈습니다.

홈런왕 이승엽에 대한 팬들의 기대는 계속됐고, 1998년부터는
우리나라 프로 야구에도 외국인 선수의 영입이 시작되었습니다.

또 홈런이다!

나이스! 시원해.

좋았어!

역시
승엽이 형!

1998년 시즌 중반까지 이승엽의 페이스는 매우 좋았습니다.

우리 승엽이가
올해도 잘하고
있네요.

걱정이네.
외국인 선수는 타고난
체력이 한국 선수들보다
뛰어날 텐데……

* **타이론 우즈** OB 베어스에 영입된 외국인 타자

우즈, 또 홈런!

환호 속의 질주

타이론 우즈는 이승엽을 무섭게 쫓아왔습니다.

치고 올라오는 우즈와 신기록에 대한 부담감은 이승엽의 컨디션 조절에 방해가 되고 있었습니다.

이번에 꼭 홈런을 쳐야 하는데…….

*볼!

*파울!

* **볼** 투수가 던진 공 중 스트라이크 존을 벗어난 공
* **파울** 타자가 친 공이 파울 그라운드에 떨어진 경우

시즌 중반 이후 이승엽은 좀처럼 홈런을 추가하지 못했고, 어느새 우즈가 선두로 올라섰습니다.

37호 홈런! 이승엽과 공동 선두!

홈런!

홈런!

역전합니다. 우즈! 42호 홈런을 날리며 신기록을 세우고 마네요!

결국 이승엽은 타이론 우즈에게 홈런왕 자리를 내주었습니다.

하…….

온 국민에게 스포트라이트를 받고 있었던 스물세 살 이승엽이 느낀 부담감은
상상할 수 없을 만큼 커져 있었고, 때마침 추격해 오던 우즈의 기세에 그만
심리적 불안을 이겨 내지 못했던 것입니다.

이건 우즈에게 패한 것이 아니라 내 자신과의 싸움에서 패한 거야.

우리나라의 홈런왕을 외국인 선수에게 뺏기다니…….

반드시 그 자리를 되찾는다.

반드시.

승엽이가 독기를 품었네.

그럴 만도 하지. 대한민국 홈런왕의 자존심에 상처를 입었으니. 다음 시즌의 경쟁도 볼 만하겠어.

외다리 타법의 홈런왕　**99**

1999년, 또다시 이승엽과 우즈의 홈런 경쟁이 시작되었습니다.

쭉쭉 뻗어 나가는 우즈의 타구! 홈런! 홈런입니다! 34호 홈런을 날리는 타이론 우즈!

우즈가 홈런을 치든 안타를 치든,

아~ 이승엽! 50번째 홈런포를 만들어 내고 있습니다.

난 흔들림 없이 최선을 다하는 거야.

타이론 우즈와의 경쟁에서 이기기 위해 노력했던 이승엽은 1999년 시즌 54개의 홈런으로 홈런왕 타이틀도 되찾고, 자신의 기록까지도 깰 수 있게 됐습니다. 이때부터 팬들은 이승엽을 '국민 타자'라고 부르기 시작했습니다.

이승엽의 유명세는 단단히 치솟았고, 당시 최고의 인기 스타와 모델만 무대에 세우던 *앙드레 김 패션쇼에 참가했습니다.

정말 예쁘다.

그리고 패션쇼에서 만난 이송정과 2년 뒤인 2002년 1월, 결혼식을 올렸습니다.

국민타자 이승엽, 결혼도 홈런!

그러나 시련도 찾아왔습니다.

아버지, 어떻게 된 거예요?

뇌종양이라는구나.

* 앙드레 김(1935~2010년) 대한민국의 패션 디자이너로, 개성 있는 디자인으로 인정받았음

전 그런 것도 모르고…….

아버님, 어머님 괜찮으시겠죠?

네가 이럴까 봐 엄마도 알리지 말라고 한 거야.

그저 야구에 집중해. 엄마도 그걸 원한다.

어머니…….

이승엽의 어머니는 뇌종양 판정을 받았고, 청천벽력과 같은 이 소식에 그만 승엽은 다리에 힘이 풀려 버렸습니다.

이승엽은 병마와 싸우는 어머니를 떠올리며 더욱 열심히 그라운드를 누볐습니다.

쩍쩍

웬일이야? 머리를 그렇게 짧게 자르고?

어머니께서 짧고 단정한 머리를 좋아하시거든. TV로 보면 좋아하실 것 같아서.

승엽이는?

경기 끝나자 마자 어머니 뵈러 갔어.

오늘은 우리 승엽이가 기운이 좀 없어 보이네.

어머니, 좀 어떠세요?

괜찮아, 승엽아. 언제나 엄마가 지켜보고 있는 거 알지?

2002년 시즌, *한국 시리즈는 삼성 라이온즈와 LG 트윈스의 경기로 진행되었습니다.
삼성 라이온즈는 창단 이후 한국 시리즈에서 아직 우승한 적이 없었기에 기대가 더욱 컸습니다.

한국 시리즈는 7경기 중 4경기를 먼저 이기는 팀이 승리합니다.
6차전까지의 결과는 삼성과 LG가 3 대 2로, 이번에 LG가 이기면
3 대 3이 되어 삼성의 우승을 예측하기 어려워지는 상황이었습니다.

* **한국 시리즈** KBO 리그의 최종 우승 구단을 결정하는 경기

외다리 타법의 홈런왕 **105**

긴장 풀고,
나가 봐. 승엽.

김응용 감독

삼성의 운명이
달린 순간! 타석에는
이승엽 선수가
들어섰습니다.

지금 이승엽
컨디션으로는 힘들 텐데.

그러니까…….
*이상훈의 볼을
어떻게 막아 내.

한국 시리즈
우승이 멀어져 간다.

그런 말 마.
부정 탄다.

제발…….

* **이상훈** 당시 LG 트윈스의 마무리 투수

이 순간, 이승엽은 경기에만 집중했습니다.

지난 몇 년간 피땀 흘려 왔어. 제대로 한 방 먹여 준다.

현재 이승엽의 타격감이 안 좋으니까 슬라이더로 유인하자.

좋아, 마음이 급한 상태라 유인구에 속을 거야.

간다!

실투다! 힘이 가운데로 몰렸어.

...

실투다! 실투를 놓치지 않는 것이 실력이지!

절실한 순간, 이승엽의 홈런은 동점을 만들어 냈고 이어서 마해영 선수가
홈런을 날리며 삼성 라이온즈는 창단 이후 첫 우승을 차지하게 되었습니다.

안전하고 즐겁게 야구 하자!

타자는 공을 친 뒤 1루로 진루합니다. 동시에 수비 팀은 타자보다 먼저 공을 1루로 보내야 하지요.

야구는 공을 배트로 타격해서 경기장 내야의 각 꼭짓점에 놓인 베이스를 모두 밟은 뒤 다시 홈으로 들어와 득점하는 경기입니다. 공격 팀의 타자는 수비 팀의 투수가 던지는 공을 타격해 진루를 해야 하고, 수비 팀은 공격 팀의 타자와 주자를 아웃시켜 점수를 내지 못하게 하지요.

이렇게 말하면 간단해 보이지만, 실전에서는 매우 세세한 규칙들이 필요합니다. 같은 규칙 내에서도 선수의 전술에 따라서 경기 내용이 크게 달라지기 때문이에요. 투수가 공을 어떻게 잡고 어떤 자세로 던지느냐, 또 타자가 배트를 어떻게 휘두르느냐에 따라서 팀의 승패가 결정될 수 있답니다.

이승엽 선수도 홈런왕이 되기 위해 공을 멀리 나가게 하는 자세를 끊임없이 연습했고, 또 한 가지 기술에 머물지 않고 주기적으로 타격 자세를 바꾸어 왔습니다.

야구에 대해서 정확히 알면 더 즐겁게 경기에 임할 수 있을 거예요. 그럼 이제 어떻게 하면 야구를 잘할 수 있는지에 대해서 살펴볼까요?

who? 지식사전

야구공의 실밥은 108개입니다.

야구공의 비밀

성인의 주먹 크기만 한 야구공은 어떻게 만들까요? 평균 둘레 22.9~23.5센티미터, 무게 141.7~148.8그램인 야구공을 반으로 가르면 가운데 둥근 코르크 심이 있어요. 그 코르크 심에 고무를 씌운 후 흰색 실을 칭칭 감아(굵은 실에서 가는 실 순서) 단단하게 고정한 뒤, 흰색 가죽 두 장을 맞대어 빨간 실로 꿰매면 완성됩니다. 이때 만들어지는 실밥은 공기와 마찰하여 공의 속도와 방향 등에 영향을 줍니다. 그래서 경기 중 야구공 표면에 작은 흠집이라도 나면 공을 교체한답니다.

그런데 야구는 국제 경기를 위한 공인구가 있는 축구와 달리, 나라와 리그마다 공인구가 달라서 논란이 일기도 하지요.

하나 ▶ 필요한 야구 장비

야구의 인기가 높아지면서 취미로 야구를
즐기는 사람이 많아졌습니다.
아홉 명씩 두 팀을 구성해 실제 선수들처럼
경기하기도 하고, 두 사람이 각각 글러브를 끼고 공을
던지고 받는 연습인 '캐치볼'을 하기도 하지요. 하지만 어떤
형태의 연습을 하든지 장비는 필요해요.
우선 가장 중요한 장비는 야구공, 배트(야구 방망이) 그리고
야구화예요. 이때 야구화는 달리다 미끄러지는 것을 방지해
줍니다. 야구화의 바닥에는 쇠나 플라스틱, 고무 등으로
뾰족한 징이 박혀 있어 지면과의 접지력을 높여 주기
때문이지요. 하나 더! 야구는 포지션에 따라 착용하는 장비가
다릅니다. 타자는 머리로 날아오는 공에 대비해 헬멧을
착용해야 하고, 타자 뒤쪽에서 투수가 던지는 공을 받는
포수는 마스크와 목 보호대, 포수용 글러브, 가슴 보호대,
무릎 보호대, 다리와 발가락 보호대 등으로 몸을 보호해야
합니다. 따라서 야구 장비는 자신의 포지션에 맞게 준비해야
해요.

야구는 포지션에 따라
다른 장비를 사용합니다.
© Bellevueland

캐치볼은 경기 전 몸을 풀어 주는
좋은 운동입니다.

야구 경기 중 사망한 선수가 있다고?

1920년 8월 16일, 뉴욕 양키스와 클리블랜드 인디언스의 경기가 뉴욕 양키스의
홈그라운드인 프로그라운드에서 열렸습니다. 뉴욕 양키스가 3:0으로 이기고 있는
상황에서 5회 초, 인디언스가 공격할 때였어요. 첫 타자로 나온 레이 채프먼이 타석에
들어섰고, 양키스의 투수 칼 메이스는 포수와 사인을 주고받은 뒤 공을 던졌어요. 하지만
공은 이상한 방향으로 흘러 채프먼의 눈과 귀 사이에 명중했고, 그는 그 자리에서 쓰러져
끝내 숨졌습니다. 이 사건은 세계 프로 야구에서 처음 발생한 사망 사건으로 이후에
선수를 보호하는 장비들이 생겨났답니다.

타자는 타격 중 반드시 헬멧을 써야
합니다. © Philpottm

둘   야구를 잘하는 방법

야구에서 가장 기초가 되는 포지션은 투수와 타자를 꼽을
수 있습니다. 투수는 공을 잡는 방법과 던질 때 팔과 손목의
각도, 어깨의 회전 등으로 야구공이 날아가는 속도와 방향을
다르게 할 수 있습니다. 또 타자는 두 발의 위치와 배트를
잡는 법, 허리의 회전 등으로 공을 쳐 내는 강도와 방향을
변화시키지요. 그밖에 포수는 양다리를 어깨너비보다 넓게
벌려 안정적인 자세를 유지하며 홈 베이스를 지키고, 수비수는
강한 어깨와 빠른 달리기로 타격한 공을 잡아냅니다.
야구 선수는 포지션에 맞는 꾸준한 연습을 통해 자신의
스타일을 찾아갑니다. 연습은 여러분에게도 좋은 결과를 줄
수 있어요. 기본기부터 하나씩 익혀 봅시다.

야구를 잘하기 위해서는 끊임없는 연습이
필요합니다.

야구공 잡는 법

기본적으로 야구공은 검지와 중지로 윗부분을 잡고 엄지로
아랫부분을 받치며 잡습니다. 하지만 야구공의 빨간 실밥을
기준으로 손가락을 어디에 두느냐에 따라 공이 날아가는
방향이 달라져요. 따라서 투수는 내야 베이스에 나가 있는
선수의 수, 타자의 타격 자세, 점수 차이 등을 고려해 구종을
선택해야 합니다.

공을 잡는 법,
즉 그립에 의해 구종이
결정된단다.

〈야구 구종〉

투심 패스트볼	슬라이더	커브볼	포크볼	서클 체인지업
직구와 비슷하며 우타자 몸쪽으로 휘어 들어간다.	직구처럼 들어오다가 우타자 바깥쪽으로 흘러나간다.	타자 눈높이부터 스트라이크 존 밑으로 크게 떨어진다.	직구처럼 들어오다 스트라이크 존 밑으로 가라앉는다.	좌타자 바깥쪽으로 휘면서 떨어진다.

투구 잘하는 법

투구란 투수가 타자를 향해 특정 타격을 유도하여 공을 던지는 것을 말합니다. 투수는 공을 잡는 것 이외에도 투구를 잘해야 해야 합니다. 타자는 투수가 공을 잡는 방법과 던지는 동작을 보고 공이 어떻게 날아올지 예측하기 때문이에요. 그래서 투수는 직구를 던지는 것처럼 준비 동작을 했다가 공을 던지기 직전에 동작을 바꾸어 변화구를 던지는 등 타자를 속여 예측하지 못하는 공을 던지려고 합니다.

투수마다 공을 잡고 던지는 모습이 다릅니다.
© Keith Allison

배트 잡는 법

배트를 잡을 때 가장 중요한 것은 손에 배트를 잘 고정하는 것입니다. 너무 꽉 잡으면 배트를 잡는 데 근육을 써 빠르게 휘두를 수 없고, 반대로 헐겁게 잡으면 놓치기 쉬워요. 그리고 손바닥과 손가락이 연결되는 부분에 배트를 놓고 감싸 쥐듯 잡아야 합니다. 그래야 배트를 휘두를 때 손목까지 부드럽게 돌아갑니다. 또한 정확하고 짧은 공을 칠 때는 배트를 짧게 잡고, 홈런처럼 강하고 긴 공을 칠 때는 배트를 길게 잡습니다.

타격 잘하는 법

배트를 세게 휘두르기만 해서 공을 잘 쳐 내는 건 아닙니다. 타격에도 순서가 있지요. 타석에 선 타자는 정면이 아닌 측면으로 서고 고개를 돌려 투수를 봅니다. 그리고 몸의 체중을 뒤쪽 발에 쏠리게 한 뒤 투수의 투구 자세를 보며 공이 어떻게 날아올지 예측합니다. 그리고 뒤쪽 발에 있던 몸의 체중을 앞쪽 발로 이동시키며 배트를 휘두릅니다. 이때 타자는 머리를 고정해 배트가 나아가는 방향이 흔들리지 않도록 합니다.

배트를 잡을 때 장갑으로 손을 보호합니다.
© Keith Allison

극복하지 못할 슬럼프는 없다!

2003년 10월 2일, 대구 시민운동장 야구장. 이승엽의 아시아 신기록 홈런 달성을 기다리는 관중들이 경기장을 가득 메우고 있었습니다.

유명세에 휩쓸려 들뜨지 않고 매사 스스로를 단련했던 이승엽은 모두가 기대하던 56호 홈런을 멋지게 쏘아 올렸습니다.

역시 이승엽!

이로써 이승엽은 1964년 일본의 오 사다하루 선수가 세운 시즌 최다 홈런 55개의 기록을 깨게 되었습니다.

축하합니다, 이승엽 선수! 오늘 56호 홈런을 예상했나요?

그런 건 없습니다. 다만 작년에 저에게 실점했던 투수들은 분명히 저를 다른 방식으로 상대할 것이기 때문에 그에 따른 준비를 했을 뿐입니다.

해외 진출을 계획한다는 얘기가 있던데요.

차차 생각해 봐야 할 일입니다.

한국 시리즈 우승,
시즌 최다 홈런 달성,
한국 프로 야구에서의
목표는 이뤘어.

이제
더 큰 무대에서
내 능력을 시험해
보고 싶어!

*메이저 리그는 모든 야구 선수의 꿈이자 목표인 리그입니다.
이승엽 역시 메이저 리그 진출을 위해 미국을 방문했습니다.

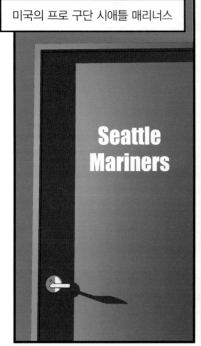

미국의 프로 구단 시애틀 매리너스

**Seattle
Mariners**

연봉이…….

아시아 선수인
내가 탐탁지
않은가 보군.

* **메이저 리그** 미국 프로 야구 연맹의 최상위에 있는 두 리그(내셔널 리그, 아메리칸 리그)를 이르는 말

아시아 선수가 곧바로 메이저 리그에서 뛰는 게 무리일 수 있으니, 1년간 *마이너 리그에서 적응 기간을 거치는 건 어떨까요?

한국에서보다 적은 연봉에다 메이저 리그도 아닌 마이너 리그에서 뛰라고?

일어나시죠. 미국 진출은 없던 것으로 하겠습니다.

조건이 좀 안 좋아도 일단 미국에 진출하는 게 더 중요하지 않을까요?

한국 프로 야구에서 메이저 리그로 직행하는 것이 아니면 의미가 없습니다. 이런 조건으로 계약하는 건 앞으로 후배 선수들의 진출에도 영향을 줄 거예요.

그렇다면 방향을 좀 바꿔야겠습니다.

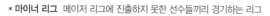

* **마이너 리그** 메이저 리그에 진출하지 못한 선수들끼리 경기하는 리그

나의 실력을 인정하고,
나를 원하는 곳에서
최선을 다해 뛰고 싶어.

*지바 롯데 마린스에서
일본 최고 수준의 연봉과
4번 타자 자리를
제시했습니다.

그 정도
조건이라면
좋습니다.

2004년, 이승엽은 일본 프로 야구팀
지바 롯데 마린스로 향했습니다.

그리고 곧 지바 롯데 마린스의 깊은 관심을 받으며 일본에서의 생활이 시작되었습니다.

와~아~

와~

지바

* **지바** 일본 도쿄 옆에 위치한 도시

이승엽 선수! 앞으로 기대가 큽니다.

팀의 일원으로 최선을 다하겠습니다.

발렌타인 감독

앞으로 잘 지내 봅시다.

한국에서 최고면 최고지. 연봉이 우리의 몇 배야?

올 시즌에 홈런 30개 이상은 친다고 장담했다더군. 어디 두고 보자고.

외국인인 나를 곧바로 반겨 줄 수는 없겠지.

이럴 때일수록 내가 먼저 다가가고 더 열심히 하는 수밖에…….

극복하지 못할 슬럼프는 없다!

4번 타자 이승엽!

긴장할 것 없어.
일본이나 한국이나
야구는 똑같은 야구일 뿐이야.
하던 대로만 하자,
이승엽!

따악

슈우욱

어디까지
날아가는 거야?

*장외 홈런입니다!

이승엽은 일본 무대의 첫 홈런을 장외 홈런으로
멋지게 장식했습니다.

* 장외 홈런: 경기장 외벽 바깥으로 날아간 홈런

그렇지!
이승엽은 몸 쪽 공에
약해.

이것 보세요. 가운데와
바깥쪽 공은 거의 완벽하게
쳐 내고 있지만, 몸 쪽을 찌르는
공에는 배트의 반응이
늦습니다.

좋았어. 몸을 맞추더라도
이대로 계속 공격해. 자세를
완전히 무너뜨릴 수 있게
말이야.

일본 야구는 세계적인 수준의 분석력을 가지고 있습니다. 각 구단에서는
혜성처럼 등장한 이승엽이라는 선수에 대한 집중 분석을 시작했습니다.

분석을 마친 상대 투수들은 이승엽의 약점을 집중적으로 공격해 왔습니다.

지난 경기부터 눈에 띄게 몸 쪽 공을 많이 던지고 있어.

아니, 또?

몸에 공이 맞더라도 상관없다는 식이야.

상대 투수들의 집요한 공격에 이승엽은 흔들리기 시작했습니다.

다음 경기와 그 다음 경기에서도 상대 투수를 당해 내지 못한 이승엽은 심각한 슬럼프에 빠지기 시작했습니다.

타격 자세가 완전히
무너졌어. *2군에 가서
가다듬고 오도록 해.

네?

일순간 성적이
부진하다는
이유로…….

내가 2군으로
강등되다니…….

여기서
이런 수모를 겪으며
계속 있어야 할까?

이승엽은 프로 야구를 시작한 후로 한 번도 2군으로 내려간 적이 없었습니다. 그러나
일본 구단과 감독은 당장 성적을 내지 못하는 외국인 선수를 받아 줄 이유가 없었던 것입니다.

2군에서 이승엽은 칼을 갈았습니다.

오아아아ー

* 2군 야구 성적이 낮거나, 컨디션 조절이 필요한 선수가 모여 있는 리그

다리의 움직임을 눈치채지 못하게!

어느 쪽의 공도 쳐 낼 수 있도록!

들던대로 열심이군.

김성근 감독님!

우리 연이 이렇게 또 시작되는구나.

김성근 감독

* **김성근** 한국 프로 야구 감독으로, 이승엽이 삼성 라이온즈에 있었던 2000년에 2군 감독을 맡은 적이 있었음

이승엽이 슬럼프를 겪고 있던 그때, 삼성 라이온즈에서부터 인연이 있었던 김성근 감독이 지바 롯데 마린스의 타격 코치로 오게 된 것입니다.

일본에서의 생활이 많이 힘들 거야.

아, 아닙니다.

죽기 살기로 훈련하는 건 좋지만, 자신을 너무 학대하고 있는 건 아닌지 생각해 봐.

국민들이 거는 기대에 좀 못 미치면 어때. 넌 충분히 열심히 하고 있어.

지금처럼
*스트라이드가 거의 없게
타격하려는 시도는 좋아.
하지만 몸 쪽 공을 보면,
몸이 흔들리고 있지?

몸 쪽 공에 대한
네 자신의 초조함이
남아 있다는
뜻이야.

흠칫─

지금보다 배트가
몸에 더 붙어서 나오지
않으면, 몸 쪽 공을
쳐 낼 수 없어.

좋아!

후웅─

* **스트라이드** 뒷발에 모은 힘을 앞으로 이동시키기 위해 앞발을 내딛는 동작

그해 이승엽은 어느 때보다 혹독한 겨울을 보내야 했습니다.

*배트 컨트롤을 높이기 위해서 무게를 줄이는 게 좋겠어. 890그램짜리로 하도록 해.

따악

딱

딱

나는 반드시 해낸다!

딱

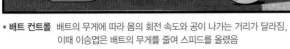

* **배트 컨트롤** 배트의 무게에 따라 몸의 회전 속도와 공이 나가는 거리가 달라짐, 이때 이승엽은 배트의 무게를 줄여 스피드를 올렸음

극복하지 못할 슬럼프는 없다! 129

아얏!

탁一

붕대가 어디 있더라.

진정한 노력은 결코 은혁 송정 배신하지 않는다.

다음 시즌에도 가족들에게 부끄러울 수는 없어.

한 박스만 더 치고 가자.

새 스윙이 몸에 익으려면 아직 멀었어.

130   이승엽

2005년 시즌이 시작되었고, 상대 투수들은 여전히 이승엽의 몸 쪽 공을 노렸습니다.

이번엔 좌투수입니다.

팟ㅡ

좌투수가 던지는 공은 몸 쪽 아래로 꺾여 들어오지.

따ㄱ

와ㅡ아아ㅡ

와ㅡ아아ㅡ

하루에도 천 번씩 배트를 휘둘렀어!

LIVE 지바 롯데 마린스 일본시리즈 진출!

끊임없는 노력으로 이승엽은 몸 쪽 공에 대한 두려움을 떨쳐 냈고, 좌타자로서 좌투수에 대한 공략까지 완벽하게 소화해 냈습니다.

당신이 정말 존경스러워요.

이승엽 선수.
*일본 시리즈에서도 첫 홈런을
선보입니다!

이승엽 선수,
일본 시리즈 2차전에서도
홈런을 쳐 냅니다.

이승엽의 활약으로 2005년, 지바 롯데 마린스는 우승을 차지했습니다. 이는 31년 만의 우승이었습니다.

놀랍습니다!
이승엽 선수.

승짱은
역시 최고예요.

* **일본 시리즈** 일본의 두 리그(센트럴 리그와 퍼시픽 리그)의 각 1, 2, 3위 팀이 모여서 우승을 결정짓는 시리즈 경기

함성 가득 야구장

예전에는 야구를 좋아하는 사람만 직접 야구장에 가서 경기를
보며 응원했습니다. 하지만 이제 야구장은 가족이나 친구와
함께 나들이를 가는 곳, 연인의 데이트 장소, 회사나 동호회의
회식 장소 등 다양한 사람들이 찾는 공간이 되었지요.
찾는 사람이 많다 보니 시즌이 시작되면 입장권을 사기 위한
경쟁도 치열해지고, 즐길 거리도 늘었습니다. 야구장 안에서
햄버거나 치킨을 파는 것은 물론, 특정 좌석에서는 삼겹살을
구워 먹을 수도 있답니다.
그리고 각 구단에서 준비한 응원 도구나 공연, 이벤트는
관중이 더욱 다채롭게 즐길 수 있게 도와주지요.
그럼 이제 우리나라에는 어떤 야구장이 있고, 야구 관람을
하기 위해서는 어떻게 해야 하는지, 또 응원 방법이나 특정
야구장만의 문화에 대해서도 미리 알아볼까요?

가족, 친구, 연인과 함께 야구를 관람합니다.
ⓒ 밀빈호

who? 지식사전

서울 잠실 야구장에서 열린 2017
프로 야구 LG와 삼성의 경기에
앞서 아이돌 가수 윤보미가 시구를
했습니다.

야구팬을 위한 이벤트, 시구

아이돌 가수가 마운드에 서서 야구공을 던지는 장면을 본 적이 있나요? 그것을 바로
'시구'라고 합니다. 시구는 시즌 개막이나 중요한 경기의 시작을 알리는 상징적인
공입니다.
우리나라에서는 1920년에 열린 '제1회 전조선 야구 대회' 개막식에서 독립운동가
이상재 선생이 처음으로 시구했고, 한국 프로 야구에서는 1982년 전두환 전 대통령이
처음입니다. 이렇게 예전에는 주로 정치인이나 구단주, 신문사 사장들이 시구했지만,
점점 연예인이나 운동선수 등 당시 인기가 많은 사람이 시구하면서 복장이나 던지는
자세와 속도는 물론 재미있는 실수까지 화제가 되고 있어요. 때로는 구단의 마스코트나
게임 캐릭터 복장을 하고 시구에 나서는 등, 이제 시구는 하나의 이벤트로써 야구팬에게
볼거리를 제공하고 있답니다.

우리나라에서 가장 처음에 만들어진 야구장은 서울
종로에 있었던 '동대문 야구장'입니다. 1925년에
완공되어 2007년 폐장되기까지 수많은 경기를 치르며
한국 야구 발전에 기여했어요.

현재 우리나라의 프로 야구팀은 총 10개, 프로 야구
경기장은 총 9개가 있습니다. LG 트윈스와 두산
베어스의 홈구장이 '잠실 야구장'으로 같기 때문이지요.
그중 '인천 SSG 랜더스필드'나 '대구 삼성 라이온즈
파크'는 일부 외야석에 돗자리를 깔 수 있는 잔디석이나
고기를 구워 먹을 수 있는 테이블석을 만들어 두었답니다.
또 '고척 스카이돔'은 사계절 내내 날씨와 상관없이 경기와
공연을 열 수 있는 한국 최초의 돔 형태 야구장으로 많은
이들의 사랑을 받고 있어요.

대구에 있는 삼성 라이온즈 파크 ⓒ Neoalpha

키움 히어로즈의 홈구장인 고척 스카이돔
ⓒ Bigsmile20

잠실 야구장에서 야간 경기가 진행되고
있습니다. ⓒ Paradoxxx square

〈우리나라 프로 야구 경기장〉

명칭	홈 구단	설립 연도	수용 인원
고척 스카이돔	키움 히어로즈	2015년	약 16,800명
광주 기아 챔피언스 필드	KIA 타이거즈	2014년	약 27,000명
대구 삼성 라이온즈 파크	삼성 라이온즈	2016년	약 29,000명
대전 한화생명 이글스 파크	한화 이글스	1964년	약 13,000명
창원 NC 파크	NC 다이노스	1982년	약 22,000명
부산 사직 야구장	롯데 자이언츠	1985년	약 23,000명
수원 kt 위즈 파크	kt 위즈	1989년	약 25,000명
인천 SSG 랜더스필드	SSG 랜더스	2002년	약 25,000명
잠실 야구장	LG 트윈스 두산 베어스	1982년	약 25,000명

야구장의 각 좌석마다 경기가
보이는 정도가 다르므로,
가격도 다릅니다.

둘 　　입장권 예매와 좌석 선택

한국 프로 야구의 시즌은 3월 말에 시작하여 겨울이 오기 전인
11월까지 계속됩니다. 시즌 중 10개의 구단은 수많은 경기를
치르지요. 팀 간의 형평성에 어긋나지 않게 정한 경기 일정이
발표되면 야구팬들은 자신이 원하는 경기를 직접 보기 위해
입장권 예매를 서두른답니다.
만약 응원하는 팀의 홈구장과 가까이 산다면, 홈 구단의
경기를 언제든지 볼 수 있는 '시즌권'을 살 수 있습니다.
시즌권을 구입하면 해당 구단에서 준비한 이벤트에
참여하거나 다양한 선물도 받을 수 있지요. 하지만 시즌권이
없어도 야구장은 언제나 갈 수 있습니다.
경기 일정에서 자신이 응원하는 구단과 날짜, 장소(야구장)를
선택한 뒤 외야석, 내야석, 커플석, 중앙 지정석 등 원하는
좌석을 선택하면 되지요. 요즘에는 좌석뿐 아니라 음료나
식사가 포함된 패키지 상품도 판매하므로 필요한 경우 이용할
수 있답니다. 단 고척 스카이돔을 제외한 나머지 야구장은
날씨의 영향을 받기 때문에 예매하기 전 일기 예보를 확인하는
것이 좋습니다. 날씨가 좋지 않으면 야구는 경기 시작 3시간
전까지 취소될 수 있으며, 경기에 돌입한 이후에도 중단될 수
있기 때문이에요.

구단별로 온라인
예매처가 다르니
확인해 보세요!

셋 　　치어리더와 응원가

탁 트인 야구장에서 마음껏 소리를 지르는 재미 또한
야구장을 찾는 이유 중 하나로 꼽을 수 있습니다. 농구나
축구, 배구에 비해 야구 응원 문화의 만족도가 크게 높은
것이 이를 증명하고 있어요. 신나는 노래에 맞추어 춤을 추는
'치어리더'는 관람객의 흥을 돋우는 응원의 꽃으로 불립니다.
우리나라 응원의 특별한 점은 구단이나 선수마다 따로

응원가가 있다는 것입니다. 응원가는 우리나라보다
야구의 인기가 더 높은 미국에서도 볼 수 없는
광경이거든요. 선수들은 관중이 하나 되어 부르는
응원가에 힘을 입어 더 열심히 경기에 임할 수
있다고 합니다.

응원을 펼치고 있는 KIA 타이거즈 치어리더들

넷 야구장의 먹거리

야구 문화 중에서 먹거리를 빼놓을 수 없지요.
음료수는 기본이고, 간단히 먹을 수 있는 햄버거,
도넛, 김밥과 떡볶이에서 치킨과 피자, 족발, 보쌈
등 한 끼 식사 거리도 있답니다. 심지어는 짜장면과
짬뽕을 배달시키거나 삼겹살을 직접 구워 먹을 수도
있습니다. 만일 야구장으로의 가족 나들이나 친목
모임을 계획하고 있다면, 이용해 보는 것도 좋을
거예요.

야구장에서는 몇 구역, 몇 번 관람석인지만 알면,
음식 배달도 가능합니다.

다섯 야구장 에티켓

야구장의 에티켓은 티켓을 구매할 때부터 필요합니다.
응원하는 팀이 홈 팀인지 원정 팀인지 꼭 확인해야 해요.
홈 팀 응원은 1루 쪽, 원정 팀은 3루 쪽에 앉는 것이
보통이므로 3루에 앉아 홈 팀을 응원한다면 싸늘한 시선을
피하기 힘들 거예요.
또 음식물 섭취가 자유롭다 보니 본인이 치우지 않으면
주변은 지저분해질 수밖에 없습니다. 이를 막기 위해
관중들은 쓰레기를 치우고 퇴장하자는 의식을 키워 왔고,
또 롯데 자이언츠 팬의 경우 응원 도구를 쓰레기봉투로
만들어 경기가 끝난 뒤 그 봉투에 쓰레기를 담아갈 수 있게
했지요.

질서를 지키는 것은 가장 기본적인
에티켓입니다.

6 결정적인 한 방

2005년 시즌이 끝나고, 지바 롯데 마린스와의 계약이 만료된 이승엽을 눈여겨본 구단이 있었습니다.

한국 선수가 4번 타자라고?

세상에…… 우리의 요미우리가.

요미우리, 한국 선수에게 4번 타자의 자리를 내주다!

이승엽 선수

바로 요미우리 자이언츠였습니다. 요미우리 자이언츠는 일본 시리즈에서 20차례 이상 우승한 일본 최고의 명문 구단이었습니다.

2006년 1월,
이승엽은 요미우리 자이언츠와
전격 계약하였습니다.

이승엽 선수!
요미우리와의 계약은 언제부터
진행된 것입니까?

요미우리에 새로 부임한
하라 감독님과 팀 전력을
보강하기 위해서 최선을
다할 것입니다.

이미 조성민, 정민철 선수 등이
요미우리에서 제 기량을 발휘하지
못하고 나갔습니다. 이승엽 선수의
각오를 듣고 싶습니다.

갑자기 나타나선
4번 타자 자리를
꿰차다니.

이승엽은 일본에서의 활약은 물론, 2006년 *WBC 예선전에서도 역전 홈런을 쏘아 올려 한국 대표 팀이 일본을 꺾고 결선으로 진출하는 데 큰 역할을 했습니다.

* WBC 월드 베이스볼 클래식의 약자로, 세계 최고의 야구팀을 뽑기 위한 경기

그러나 2007년 시즌이 시작되기 직전

어머니······.
제발 조금만 힘내세요.
제가 가고 있습니다.

하아

하아

어머니,
제가 왔어요.

눈좀 떠 보세요.

어머니는 돌아가셨지만, 2007년 시즌은 어김없이 시작되었습니다.

처억

지켜봐 주세요.
어머니.

나에게도 남에게도
부끄럽지 않은
그런 제가 되겠습니다.

여기에서
내가 할 수 있는
최선을 다할 거야.

손가락이
왜 이러지?

이제 겨우
일본 야구에 적응했는데
시즌을 포기할
수는 없어.

멈추지 않아!

이승엽은 심각한 손가락 통증을
참아 내면서 훈련에 임했습니다.

시즌이 끝날 때까지만
버텨 보자. 치료는
나중에 해도 늦지 않아.

참지 못하는
아픔은 없어.

속속

진통제

와아아

으윽! 손가락이
깨지는 것 같아.

스트라이크 아웃!

손가락 통증은 생각보다 더 이승엽을 괴롭혔습니다.

요미우리의 4번 타자가
왜 저 모양이냐!

승짱…….
지난해 같은 모습을
보여 줘요.

요미우리 자이언츠의 4번 타자는 모두에게 추앙받는 만큼
조금만 실수를 해도 큰 질책을 받는 자리였습니다.

상대 투수가
내 부상을
눈치챈 것 같아.

그렇다고
이대로 당하고
있을 수는 없지.

2007년 일본 시리즈 진출이 걸린 요미우리 자이언츠와
요코하마 베이스타스의 경기

이제
정신력 싸움이다.

부탁한다, 이승엽.

작년에 이어 올해도
승산이 있어.

제발, 제발!

이승엽 선수,
쳤습니다!

요미우리 자이언츠는 일본 시리즈 진출에 성공했습니다. 이승엽은 부상에도 불구하고, 30개의 홈런을 날리며 중심 타자 역할을 해냈습니다.

* **세이프** 주자가 안전하게 누(壘)를 차지한 것

2007년 시즌이 끝난 직후, 이승엽은 왼손 엄지손가락 인대 재건 수술을 결심했습니다.

더 나은
내일을 위해서

잠시 점검하는
시간이라
생각하자.

약 1년 후

실력이 전 같지 않군.

통증은 없어졌지만,
손가락의 감각이
무뎌졌어.

뻐끗!

이승엽은 2008년 시즌이 시작되고 한 달 동안
1할 2푼 5리라는 최악의 타율을 보였습니다.

쩌애앵

무릎까지 말썽이네.

둔해진 손가락 때문에 몸에 힘이 들어가는 거야.

그러니 타격 자세가 무너지고, 몸의 다른 부분에 무리가 가게 되지.

이승엽은 2군과 1군을 오가며 힘겨운 시간을 보내고 있었습니다. 그는 슬럼프도 훈련으로 극복해 나갔습니다.

이 지긋지긋한 슬럼프에서 반드시 벗어나야만 해.

따리리리

*김경문 감독님 아니십니까?

승엽아, 올림픽에서 좀 뛰어 줘야겠다.

올림픽에 출전해 달라고? 우리나라가 지금 나를 필요로 하고 있어.

하지만 난 한국 사람이야. 내가 할 수 있는 게 있다면, 그건 지금이야.

다시 1군으로 올라가려면, 자리를 비우면 안 되는데.

네가 대표 팀에 있어 주는 것 자체로 우리 선수들에게 힘이 될 거야.

김경문 감독

*김경문 1982년 프로 야구 개막 때부터 활약한 선수로, 2008년 베이징 올림픽에서 한국 대표 팀 감독을 맡았음

일본 프로 야구는 한국과 달리 올림픽 기간 동안 휴식이 없습니다. 이승엽은 2군에서 열심히 해 1군으로 복귀할 수 있는 개인적 기회를 버리고, 나라의 부름에 답했습니다.

2008년 8월 베이징 올림픽, 한국은 미국, 캐나다, 일본 등과의 경기를 연속으로 이기며 준결승까지 올랐습니다.

고맙다, 승엽아.

제가 뭐 한 게 있나요.

와~

와~

한국 : 미국 8:7 승리!
한국 : 캐나다 1:0 승리!
한국 : 일본 5:3 승리!
한국 : 중국 1:0 승리!
한국 : 대만 9:8 승리!
한국 : 쿠바 7:4 승리!
한국 : 네덜란드 10:

준결승 상대는 일본이다!
예선전과는 다른 경기가 될 테니
모두 긴장해 주기 바란다.

네, 감독님!

네!

베이징 올림픽에서 일본과의 준결승전. 4회말,
한국은 일본에 0 대 2로 지고 있었습니다.

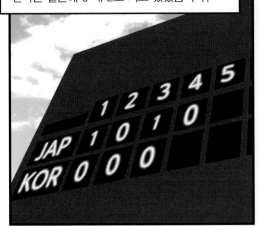

한국 선수들,
오늘 경기도 잘 풀어
나갈 수 있을까요.

오늘 이승엽 선수 컨디션이
안 좋아 보이는데…….

*주자가 차 있으니
홈런 한 방이면 역전도
가능해.

제발…….

이승엽 선수가
들어섭니다.

와아아

* **주자** 공을 쳐서 베이스에 나가 있는 타자

숨죽여 기대했던 이승엽의 한 방은 *병살타가 되어 두 명을 동시에 아웃시켰습니다.

* **병살타** 주자와 타자가 모두 아웃되는 타격

이에 굴하지 않고, 한국 대표 팀은 끈질기게 따라붙어 2 대 2 동점을 만들었습니다.

	1	2	3	4	5	6	7	8	9	R	H	E
JAP	1	0	1	0	0	0	0	0		2	6	2
KOR	0	0	0	1	0	0	1			2	3	1

승엽! 지금이 네가 필요한 때야.

지금 홈런 치면 역전인데…….

지금 이승엽 컨디션으로는 안 돼.

8회말, 이승엽이 다시 타석에 나섰습니다. 현재 주자는 1루에 있었습니다.

승엽이는 언제나 가장 필요할 때 한 방 먹여 버리지.

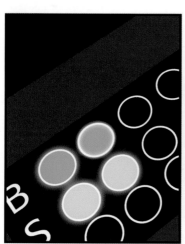

이와세 투수는 자존심이 강해서 틀림없이 승부를 걸어올 거다.

그것도 지금 내게 가장 취약한 몸 쪽 공으로!

집중하자.

가볍게, 하지만 정확하게.

집중……!

아는 만큼 보인다! 야구 상식

한국 프로 야구가 시작된 지 40년이 가까워지는 지금, 야구는 여전히 인기 있는 스포츠 종목으로 자리 잡고 있습니다. 봄부터 가을까지 야구 경기는 끊이지 않고, 이를 기다리는 팬 층도 확대되어만 갑니다. 그에 따라 야구나 야구 선수에 관한 소식도 주목 받고 있지요. 경기의 내용이나 갱신된 신기록, 경기 중의 명장면, 소속 선수들의 연봉이나 사생활까지 모두 관심의 대상입니다. 경기 장면만으로도 재미있는 야구, 그러나 그 뒤에 숨겨진 이야기를 알게 된다면 야구는 여러분에게 더욱 감동적으로 다가올 거예요.

매년 각 프로 야구팀의 스타급 선수들이 두 진영으로 나뉘어 경기를 펼치는 '올스타전'은 야구팬들에게 축제와 같습니다.

하나　꿈의 구속 160km/h

투수가 야구공을 던지면 텔레비전 화면에 116km/h, 124km/h와 같은 숫자가 뜹니다. 이것은 공이 날아가는 속도(구속)를 스피드 건으로 측정한 거예요. 투수의 목표 중 하나가 160km/h의 빠른 공을 던지는 것이랍니다.

who? 지식사전

삼성 라이온즈와 넥센 히어로즈의 원정 유니폼

유니폼에도 규정이 있다고?

야구 선수는 물론 모든 운동선수가 착용하는 유니폼은 운동을 하기에 가장 최적화된 복장이자 자신이 소속한 팀을 상징합니다. 같은 팀이라면 하의와 모자, 양말, 신발, 장갑 등의 모양을 모두 같은 것으로 착용해야 하지요. 이때 상의의 등 번호는 가로세로 길이 15센티미터 이상이어야 합니다.
유니폼을 입지 않으면 경기에 출전할 수도 없어요. 그런데 삼성 라이온즈의 유니폼은 홈 경기 때는 흰색, 원정 경기 때는 파란색이에요. 이 역시 경기하는 장소에 따라 다른 유니폼을 준비하게 한 프로 야구의 규정에 따른 것입니다.

그런데 왜 하필 160km/h일까요?

160km/h는 '1시간 동안 160킬로미터의 거리를
이동하는 속력'입니다. 이는 서울에서
약 160킬로미터 떨어져 있는 대전까지 한 시간
만에 갈 수 있는 속력이며, 투수와 18.44미터의
거리를 두고 서 있는 타자에게 다다르는 데
0.35초밖에 걸리지 않습니다. 이 짧은 시간에
타자가 날아오는 공의 방향을 눈으로 확인하고
배트를 휘두르는 것은 불가능한 일이지요. 그렇기에 투수는
최대한 빠른 공을 던져 타자를 아웃시키려 합니다.
160km/h로 공을 던지기 위해서는 끊임없는 노력과 연습은
기본이고, 키나 팔 길이, 몸의 무게 중심 등 타고난 신체
조건이 필요합니다. 그래서 이 속도로 공을 던지는
동양인은 드물지요. 우리나라 선수 중 꿈의 구속을 넘긴
선수로는 박찬호, 엄정욱, 임창용 등이 있답니다.

강속구는 타자를 본능적으로 움직이게 해 헛스윙을
유도합니다.

박찬호는 LA다저스 시절, 160km/h에 육박하는
강속구를 던졌습니다.

둘 입술의 움직임을 읽는 독순술

야구 경기 도중 글러브로 입을 가리고 같은 편
선수들끼리 이야기하는 장면을 볼 수 있습니다. 경기
상황이나 전략에 대해 논의하는 것이지요. 이때 입을
가리는 것은 어떤 이야기를 하는지 상대방이 모르게 하기
위해서예요. 야구 선수 중에는 입술의 움직임을 보고
대화의 내용을 알아맞히는 '독순술'이 어느 정도는 가능한
선수들이 꽤 있기 때문입니다. 일반적으로는 청각 장애인이
상대방의 입술과 표정을 보고 무슨 말을 하는지 알아듣는
개념으로 사용하지만, 무협지나 영화는 물론 실제 스포츠
경기에서 상대 팀의 정보를 빼내기 위한 수단으로 이용되고
있습니다.

입술을 보고
무슨 말인지 알아내는
독순술은 청각 장애인이
음성 언어를 배우는
데에도 활용해.

셋 기록 달성 선수의 모임, 성구회

프로 야구 별들의 모임인 '성구회'의 창립 멤버
(왼쪽부터)전준호, 송진우, 양준혁

2009년에 창단된 '성구회(星球會)'는 우리나라 야구 선수들의 모임 중 하나입니다. 일명 '다이아몬드 클럽'이라고 불러요. 야구 선수로 활동하면서 팬들에게 받은 사랑과 성원을 사회에 돌려주자는 의미로 만들어졌답니다.

성구회의 정회원이 되려면 타자는 2,000안타, 경기를 시작할 때부터 등판하는 선발 투수는 200승, 경기 마지막에 등판하는 마무리 투수는 300세이브를 달성해야 합니다. 그리고 선수 기간 중 절반 이상을 국내에서 활동한 사람이어야 하고, 한국 이외에는 미국 메이저 리그나 일본 프로 야구까지만 기록이 인정된답니다.

사실 성구회의 가입 조건은 매우 뛰어난 선수여도 달성하기 어렵습니다. 그래서 세 명으로 시작된 성구회 회원은 현재 이승엽을 비롯해 총 16명밖에 되지 않지요. 성구회는 훗날 회원이 조금 더 모이면, 야구 장학 재단을 만들고 중고등학교 야구 대회를 개최하는 등 야구 발전을 위해 활동할 예정이랍니다.

who? 지식사전

삼성 라이온즈의 영구 결번
© Nudimmud

단 한 선수를 위한 번호! 영구 결번

영구 결번이란 은퇴한 선수 중 우수한 기록을 세우거나 팀 승리에 크게 기여한 선수의 등 번호를 영원히 사용하지 않는 것을 말해요. 야구는 물론 축구, 농구, 미식축구 등과 같이 등 번호를 사용하는 여러 단체 경기에서 볼 수 있는 규정이지요.

영구 결번은 1939년 미국 메이저 리그에서 루게릭 병(근육이 점점 약해지며 소멸하는 병)에 걸려 사망한 루 게릭이라는 선수의 등 번호 '4'를 지정하면서 시작되었습니다.

한국 프로 야구에서는 1986년에 OB 베어스 포수 김영신 선수의 사고사를 추모하기 위해 등 번호 '54'를 영구 결번으로 지정한 것이 시작입니다. 그 후 총 13개의 번호가 공식적으로 영구 결번되어 있습니다. 그리고 구단 사이에서 암묵적으로 결번을 지키고 있는 비공식적 영구 결번도 다섯 개가 있어요.

넷 ＞ 스포츠 FA 제도

FA, 즉 프리에이전트(Free Agent)는 일정
기간 동안 자신이 속한 팀에서 활동한 뒤 계약
기간이 끝나면 다른 팀으로 자유롭게 이적할
수 있는 제도입니다. 1976년 미국 메이저
리그에 처음 도입되었고, 우리나라에서는
1999년부터 시작되었어요. 선수들은 자신의

KBO 이사회가 FA 제도 개선에 관해 대화를 나누고 있습니다.

가량을 좀 더 키울 수 있는 구단, 구단은 팀을 우승으로 이끌
선수를 자유롭게 찾을 수 있다는 장점이 있지요.
FA 자격을 얻기 위해서는 우선 KBO(한국 야구 위원회)에
등록이 되어 있는 상태로 9시즌 동안 경기에 참여해야 하고,
매 시즌의 2/3 이상 경기에 출전해야 합니다.
이렇게 FA 계약을 한 뒤 4시즌이 지나면 새로운 FA 계약을
맺을 수 있게 되며, 한국 시리즈가 모두 끝나고 5일 후에
FA 자격이 되는 선수들을 공시합니다. 먼저 현재 소속 구단에
계속 남을 것인지 협상을 한 뒤, 이적을 원하는 선수는 현재
소속 구단을 제외한 다른 구단과 협상을 하는 형식이지요.

구단에서
방출된 선수는
다른 구단과 자유롭게
계약할 권한이
없어집니다.

야구인 듯 야구 아닌, 소프트볼

야구처럼 보이지만 야구와는 조금 다른 운동 종목이 있습니다. 바로
'소프트볼'이에요. 야구와 거의 비슷한 경기 방식과 도구를 사용하지만, 공은
야구공보다 약간 더 크고, 언더핸드 스로(팔이나 손을 밑에서부터 올려 공을 던지는
자세)로 던져야 하지요.
소프트볼은 원래 실내 야구로 고안된 것입니다. 미국에서 야구가 전 국민의 인기를
얻기 시작할 무렵인 1887년, 조지 핸콕이 권투 글러브를 던지고 다른 사람이
막대기로 받아친 것에서 시작되어 점차 어린이나 노인도 즐길 수 있는 국민적
스포츠로 발전했지요. 현재 미국에만 약 1억 2천만 명이 소프트볼을 즐기고 있으며,
2020년 도쿄 올림픽 대회에 정식 종목으로 채택되었습니다.

소프트볼은 야구보다 더 큰 공을
사용하며, 투수가 공을 언더핸드 스로로
던집니다. © Stuart Seeger

☆ 7 살아 있는 기록 파괴자

2008년 요미우리 자이언츠는 일본 시리즈에 진출하였고,
이승엽에게도 이번 경기는 명예 회복의 기회였습니다.

한국, 2008 베이징올림픽 금메달!

여기에는 이스엽이 홈런이

꺾고, 사상 최초 올림픽 금메

쯧, 맘에 안 들어.

하라 감독

일본에서도
이 흐름 그대로
이어 가 보는 거야.

아웃!

요미우리 자이
VS 세이부 라이온스

아웃!

올림픽에서 맹활약을 펼치고 오면 뭘 해. 정작 우리 팀에는 도움이 되지 못하고 있어.

안타깝게도 2008년 일본 시리즈에서 이승엽은 홈런 없이 삼진을 무려 12번이나 당했습니다. 요미우리 자이언츠도 세이부에게 우승을 양보해야만 했습니다.

승엽, 유인구에 휘말리고 있어.

일본 야구에 감을 잃었나?

할 말이 없습니다.

슬럼프는 더욱 깊어졌습니다. 감독은 이승엽을 경기에 출전시키는 횟수를 줄였고, 그로 인해 이승엽도 점차 타격감을 잃어 갔습니다.

답답해서
참을 수 없어.

끝이 보이지 않는
터널에 들어온
기분이야.

어떻게 해야
빠져나갈 수
있는 거지?

이승엽에게는 마음 편하게 야구를 할 수 있는
환경이 절실했습니다.

하아~

내 야구 인생을
여기서 이렇게
끝낼 수 없어.

2010년, 이승엽은 요미우리 자이언츠에서 방출되었고,
오릭스 버팔로스로 팀을 옮겨 재기를 꿈꿨습니다.

승짱~ 가서 잘해.

괜찮아, 승짱!

그러나 오릭스 버팔로스에서도 꾸준히 출장할 기회를 얻지 못한 이승엽은
2011년 시즌에서도 전성기와 같은 활약을 펼치지 못했습니다.

성적 외의
다른 이야기는
전혀 의미가 없어.

매일 성적에 쫓기면서
살 수밖에 없었던 것도
그런 이유 때문이었지.

우리가 일본에 온 것도
벌써 8년이나 됐군요.

많이 힘들죠?

지바 마린스를 통해 인정도
받고, 요미우리의 4번 타자로
대단한 인기도 얻었지.

슬럼프에 빠질 때마다,
나만큼 당신도 힘들었다는 거
알아요.

힘들지만, 반드시
이겨 낼 거란 믿음이 있으니까요.
당신이란 사람을 제가
그 누구보다 잘 알잖아요.

다시 명예를
회복하고 싶어.

이승엽은 일본에서 최선을 다했던 8년의 시간을 정리하기로 했습니다.

평소 무뚝뚝하기만 했던 아버지의 따스한 말에 이승엽은 그동안의 굴곡 많았던 일본 생활에 대한 보상을 받은 것만 같았습니다.

결심이 선 이승엽은 오릭스 버팔로스에 정중히 인사하고, 가족과 함께 한국행 비행기에 올랐습니다.

고향 팀인 삼성 라이온즈에서 날 받아 줄까?

당연하죠! 이승엽인데.

이렇게 환영해 주셔서 감사합니다.

감사합니다.

8년 만에 돌아오셨는데요. 지금 심정이 어떠십니까?

훈련하고, 가벼운 마음입니다.

앞으로 계획은 어떻게 됩니까?

국내 무대에서 최선을 다해야 한다는 생각뿐입니다. 설레면서도 조금 걱정도 됩니다.

이승엽,
우리 팀에는 너 같은 리더가
반드시 필요해.

오~
이게 얼마 만이냐!

감독님! 감사합니다.
그런 말이 그리웠습니다.

류중일 감독

많이 가르쳐 주십시오!

존경합니다!
저도 꼭 선배님 같은
선수가 되고 싶습니다!

선배님이 저희와 함께
뛰어 주신다니
든든합니다.

하, 이거 어깨가 엄청 무거워지네요.

삼성으로 돌아와 줘서
정말 고맙다. 역시 '의리'
하면 이승엽이야.

여러분께 좋은 선배가 될 것을
약속합니다!

이른 새벽부터 누구지?

이승엽 선배님 아니야?

연습 벌레라는 소문은 들었지만, 이 정도일 줄은 몰랐어.

거친 프로 무대에서 15년 동안이나 선수 생활을 이어 올 수 있었던 힘이 바로 저렇게 지독한 훈련에 있었던 건가 봐.

너희들, 언제까지 대선배 구경만 하고 있을 거야?

어~ 왔어? 혼자 연습하니 외로웠는데, 잘됐네!

저희도 갑니다!

한국에 돌아온 이승엽은 젊은 선수들 사이에서 뒤처지지 않기 위해 노력을 멈추지 않았고, 이러한 모습은 후배 선수들에게 귀감이 되었습니다.

승엽아, 나이도 있고 하니까 이젠 *지명 타자로 뛰어라. 수비는 후배들에게 맡기고.

그렇게 하겠습니다.

고맙다.

이승엽은 수비가 타격감을 올리는 데 도움이 된다고 여겼지만, 자신보다 팀을 우선으로 생각했습니다.

* **지명 타자** 야구에서 수비는 하지 않고, 투수를 대신해 공격만 하는 선수를 말함

2012년 시즌 삼성 라이온즈는 우승을 차지했고, 이승엽은
처음으로 한국 시리즈 MVP에 선정되며 보란 듯이 부활했습니다.

이승엽이
돌아왔구나!

역시
이승엽이야.
이승엽!

너무 행복해.

하지만 내게
집중된 관심이 되려
후배들의 사기를 꺾진
않을까 걱정도 되네.

성공적인 복귀 시즌을 마친
다음해인 2013년

흠, 확실히 배트를
돌리는 속도가 줄어든 것
같습니다.

선수로서는
꽤 많은 나이니까.

류중일 감독

뭔가 방법을
찾아볼까요?

아니,
그냥 두게.

승엽이는 길을
찾아낼 거야. 지금까지
그래 온 것처럼 말이야.

그해 이승엽은 2할 5푼 3리에 13개의 홈런을
쳐 내며 아쉬운 기록으로 시즌을 마쳤습니다.

이승엽은 스스로를 비디오 분석하며 다음 시즌에 대비했습니다.

거기! 그 부분 한 번만 더 돌려 볼까요?

이 부분 말인가요?

역시 타이밍이 조금씩 늦어요. 나도 모르는 사이에 배트 스피드가 줄어 버리니……

하지만 이번 시즌에 배트 무게를 10그램 줄였잖습니까?

그랬죠. 여기서 더 가벼운 배트로 바꾼다면 힘이 실리지 않을 겁니다.

배트 무게로도 답을 찾을 수 없다면, 타격 자세를 좀 바꿔야겠어요.

네? 또?

변화하지 않으면 뒤처질 수밖에 없겠죠.

신인도 아니고, 지금 나이에 타격 자세를 바꾸는 게 가능할지 모르겠네.

지금까지 제가 했던 타격 자세는 '젊은 이승엽'에게 맞는 자세였을지도 모릅니다.

나이가 들고 몸이 변했다면, 거기에 맞는 타격 자세를 찾아야죠.

하하, 코치는 나야.

문제는 타격 직전이야. 배트가 살짝 뒤로 빠지면서 나오는 순간의 타이밍이 늦어지고 있어.

맞습니다. 그래서 배트를 미리 눕혀 타격을 준비하는 시간을 줄여 보려고 해요.

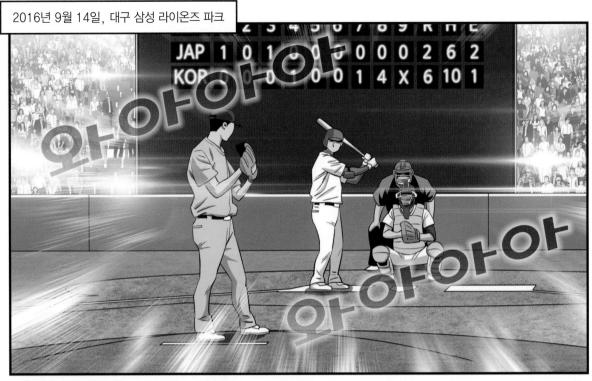

2016년 9월 14일, 대구 삼성 라이온즈 파크

지난 8월에
한일 통산 599호 홈런을
기록하고,

600호 홈런이라는
대기록을 눈앞에 두고 있는
이승엽 선수입니다.

*포크볼이다!

* **포크볼** 타자 앞에서 갑자기 거의 수직으로 떨어지는 공

모두가 기다리고 있던 홈런이 터지고야 말았습니다. 이승엽이 쏘아 올린 600호 홈런은 80년 역사의 일본 프로 야구에서 단 2명, 100년 역사의 미국 프로 야구에서 단 8명, 그리고 우리나라 프로 야구에서는 최초의 기록이었습니다.

장난꾸러기 꼬마 이승엽에게 운명처럼 다가온 야구. 그는 홈런왕이라는 꿈을 가슴에 품고 그 꿈을 향해 끊임없이 노력해 왔습니다.

자칫 들뜨기 쉬운 최고의 자리에서도 노력을 멈추지 않고, 마흔이 넘는 지금의 나이에도 야구에 대한 열정이 들끓는 그를 우리는 '국민 타자'라고 부릅니다.

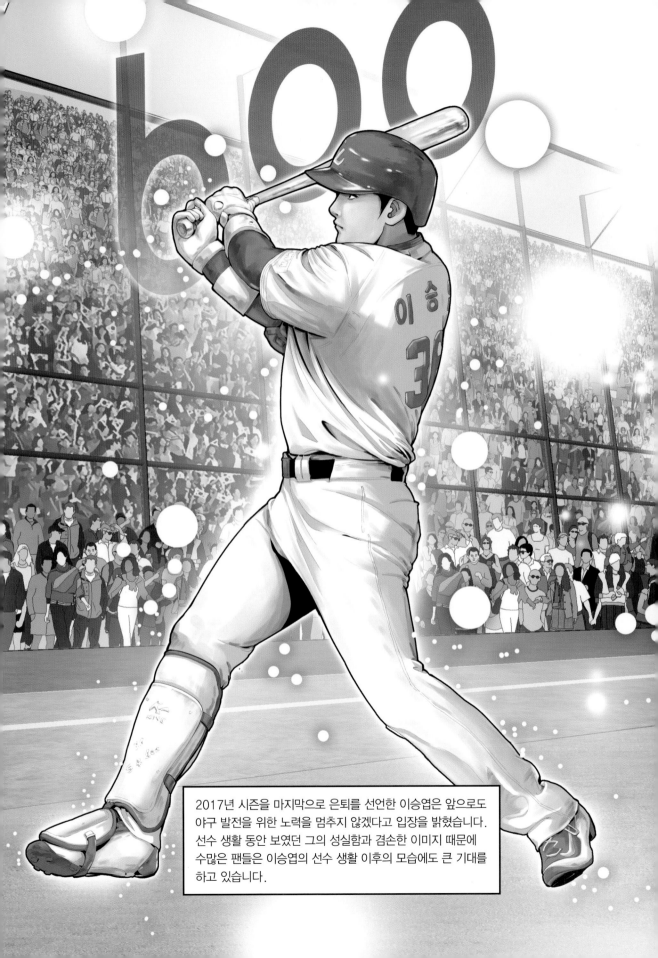

2017년 시즌을 마지막으로 은퇴를 선언한 이승엽은 앞으로도 야구 발전을 위한 노력을 멈추지 않겠다고 입장을 밝혔습니다. 선수 생활 동안 보였던 그의 성실함과 겸손한 이미지 때문에 수많은 팬들은 이승엽의 선수 생활 이후의 모습에도 큰 기대를 하고 있습니다.

▲ 삼성 라이온즈 이승엽 선수의 등 번호는 '36'

▲ 2017. 5. 21. KBO 리그 최초 450홈런 달성

▲ 2017. 7. 29. KBO 리그 최초 4,000루타 달성

스포츠·연예계를 통틀어 이름 앞에 '국민'이라는 칭호가 붙여진 최초의 스타!

국민타자 이승엽.
1999년 KBO 리그 최초로 한 시즌 50홈런을 돌파하면서부터
우리는 그를 이렇게 불렀습니다.

23년간 선수 생활을 이어 온 이승엽 선수는 어느덧 불혹을
넘겼고, 2017시즌을 마지막으로 그라운드를 떠났습니다.
그러나 그는 마지막 경기까지 팀의 핵심 타자로
함성의 중심에 서 있었습니다.

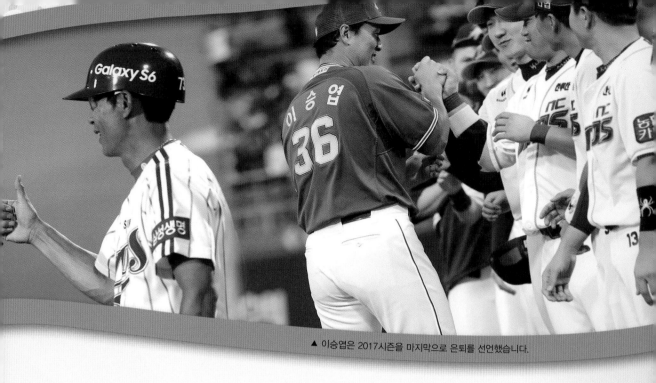

▲ 이승엽은 2017시즌을 마지막으로 은퇴를 선언했습니다.

홈런 1위! 타점 1위!
루타 1위! 장타율 1위!
골든 글러브 10회 수상!
올스타전 베스트 선수 11회 선정!

수많은 야구 팬들은
그가 달성한 기록은 물론
노력과 배려의 모습들을 기억합니다.

이승엽 선수와 함께했던 감격의 순간들,
언제까지나 잊지 못할 것입니다.

"혼을 담은 노력은 결코 배신하지 않는다.
평범한 노력은 노력이 아니다."

– 이승엽 선수 인터뷰 중에서

이승엽의 주요 수상 내역

연도(년)	주요 수상 내역
1997	MVP(최우수 선수), 골든 글러브
1998	골든 글러브, 득점 · 장타율 1위
1999	MVP, 골든 글러브, 홈런 · 득점 · 장타율 1위
2000	제37회 백상 체육 대상, 골든 글러브
2001	MVP, 홈런 1위, 골든 글러브
2002~2003	MVP, 골든 글러브
2005	일본 시리즈 우수 선수상
2006	도쿄 돔 MVP, 일본 프로 야구 월간 MVP 월드 베이스볼 클래식(WBC) 우수 선수
2012	한국 시리즈 MVP, 골든 글러브
2008	베이징 올림픽 금메달, 조아제약 프로 야구 재기상
2014~2015	골든 글러브
2016	조아제약 프로 야구 공로상, 휘슬러 코리아 일구대상

▲ 삼성 라이온즈 경기를 응원하는 관중
◀ 2016년 600호 홈런을 기록한 이승엽

이승엽의 주요 기록

연도(년)	KBO 기록
1999	대구 현대전, 최연소 통산 100호 홈런(만 22세)
2001	대구 한화전, 최연소 통산 200호 홈런(만 24세)
2002	KBO 최연소 · 최단 경기 2,000루타(만 25세)
2003	대구 SK전, 세계 최연소 · 최단 경기 통산 300호 홈런(만 26세) 대구 롯데전, 한 시즌 최다 홈런 아시아 최고 기록 경신(56개)
2012	목동 넥센전, 한일 통산 500호 홈런
2013	인천 SK전, 한국 통산 최다 홈런 기록 경신(352개)
2015	포항 롯데전, 한국 통산 400호 홈런
2016	대구 한화전, 한일 통산 600호 홈런
2017	대전 한화전, 한국 통산 450호 홈런 / 고척 넥센전, KBO 최초 4,000루타 달성

연도(년)	NPB 기록
2005	지바 롯데 마린스 우승 외국인 선수
2006	한신 타이거즈 11차전, 한일 통산 400호 홈런
2007	히로시마 도요 카프 9차전, 일본 통산 100호 홈런
2009	요미우리 자이언츠 우승 외국인 선수

어린이
생각 마당

어린이 친구들 안녕?
이승엽 이야기,
모두 재미있게 읽었죠?

책을 읽고 난 후에는 잠시 쉬는 시간도 필요해요.
이때 책과 연관된 활동을 한다면 훨씬 도움이 될 거예요.

책 속 부록 '어린이 생각 마당'에서는
책의 내용을 되새기고 머릿속 생각을 정리할 수 있는
재미있고 다양한 코너가 준비되어 있어요.

퀴즈를 비롯하여 다양한 독후 활동을 따라 하다 보면
어느새 **이승엽**과 무척 가까워진 자신을 발견하게 될 거예요.

모두 준비됐죠? 그럼 시작!

이승엽 선수와 같은
노력이라면,
그 어떤 꿈도 이룰
수 있을 것 같아요!

다 함께 풀어 보자, 퀴즈 한마당!

여러분, 이제 이승엽에 대한 여덟 개의 문제를 낼 거예요.
모두 책에서 읽었던 내용이니까 차근차근 풀어 보세요.

1 이승엽이 야구를 시작한 계기는 무엇일까요?

① 달리기를 잘해서   ② 멀리 던지기를 잘해서

③ 공놀이가 좋아서   ④ 간식을 준다고 해서

2 이승엽이 중학교 야구부에서 처음 맡은 포지션은 무엇일까요?

① 타자   ② 투수   ③ 포수   ④ 외야수

3 우리나라에서 가장 긴 역사를 가진 고교 야구 대회로, 경북 고등학교에 재학 중이던 이승엽이 출전하여 최우수상을 수상하였습니다. 이 대회는 무엇일까요?

① 황금사자기 대회   ② 대통령배 대회   ③ 봉황기 대회   ④ 청룡기 대회

4 이승엽이 처음으로 입단한 프로 야구팀은 어디였을까요?

① 삼성 라이온즈   ② 해태 타이거즈   ③ 한화 이글스   ④ 태평양 돌핀스

5 1999년, 이승엽은 시즌 최다 홈런인 54개를 기록했습니다. 이때부터 이승엽에겐 어떤 별명이 생겼을까요?

① 국민 선수   ② 국민 삼촌   ③ 국민 타자   ④ 국민 배우

6 이승엽은 한국을 넘어 세계 프로 야구에서 실력을 키우고자 했습니다. 그래서 선택한 곳이 바로 일본이었지요. 이승엽이 선택한 첫 번째 구단은 어느 곳이었을까요?

① 라쿠텐 골든이글스   ② 지바 롯데 마린스
③ 소프트뱅크 호크스   ④ 오릭스 버팔로스

7 2008년, 일본에서 잦은 부상으로 슬럼프에 빠진 이승엽. 하지만 이 대회로 인해 다시 자신감과 실력을 회복했습니다. 어떤 대회였을까요?

① 올림픽   ② 대륙간 컵 야구 대회
③ 월드 베이스볼 클래식   ④ 세계 선수권 대회

8 이승엽이 한일 통산 600호 홈런을 달성한 때는 언제일까요?

① 2014년   ② 2015년   ③ 2016년   ④ 2017년

답: 1 ② 2 ② 3 ④ 4 ① 5 ③ 6 ② 7 ① 8 ③

내가 이승엽이라면?

독후 활동 STEP 2

1. 투수에서 타자로!

이승엽, 너 타자 한번 해 봐라.

고등학교 야구부 시절, 청룡기 대회 최우수상을 받으며 투수로서 인정받던 이승엽. 좌완 투수라는 흔치 않은 포지션이라 더욱 큰 기대를 받으며 삼성 라이온즈에 입단합니다. 하지만 팔꿈치 부상으로 제대로 된 실력이 나오지 않고 있던 때, 타자로 전향할 것을 제안 받게 됩니다. 여러분이 이승엽이라면 어떤 선택을 하게 될까요?

✳ 나라면……

----

2. 슬럼프에 빠진 일본 생활

한국 프로 야구에서 활발한 활동을 하던 이승엽은 실력을 인정받아 파격적인 연봉을 받으며 일본 프로 야구에 데뷔했습니다. 그러나 성적은 부진했고, 결국 2군으로 내려가는 등 오랜 슬럼프를 겪게 되지요. 낯선 곳에서 많이 힘들고, 포기하고 싶은 생각도 들었을 거예요.
여러분이 이승엽이라면 어떤 기분이 들었을까요?

타격 자세가 완전히 무너졌어. 2군에 가서 가다듬고 오도록 해.

네?

✳ 나라면……

----

3. 한국 복귀 선택

일본 프로 야구 생활이 순탄치 않았던
이승엽은 앞으로 일본에서 선수
생활을 계속해야 할지 깊은 고민에
빠졌어요. 뛰어난 성과를 거두지 못해
아쉬움이 남았지만, 이승엽은 한국행을
선택했습니다. 여러분이 이승엽이라면
어떻게 했을까요?

한국으로 돌아가는 거예요?

✳ 나라면……

----

4. 은퇴를 앞두고

너무 감사하지만,
자꾸 내게 관심을 집중시켜
본이 아니게 후배들에게
폐를 끼치는 건 아닐까?

초등학교 4학년 때 야구를 시작한 이승엽은
중고등학교 야구부에서 활약하였고, 1995년
한국의 홈런왕으로 신기록을 세웠습니다. 그리고
2017년 시즌을 마지막으로 은퇴를 하게 됩니다.
개인적인 욕심으로 앞으로 남은 모든 경기에
출전해 좀 더 많은 기록을 세울 수도 있지만,
이승엽은 후배들을 위해 경기 출전을 양보했어요.
여러분이 은퇴를 앞두고 마지막 시즌을 뛰고 있는
이승엽이라면 어떻게 했을까요?

✳ 나라면……

투수의 조건 vs 타자의 조건

마운드 위에서 타자를 향해 공을 던지는 투수. 공을 던지기는 쉬워 보이지만,
그 방법은 그리 단순하지 않아요. 타자가 쳐 내기 유리한 공을 던져서는 안 되거든요.
좋은 투수에게는 무엇이 필요한지 생각해 보세요.

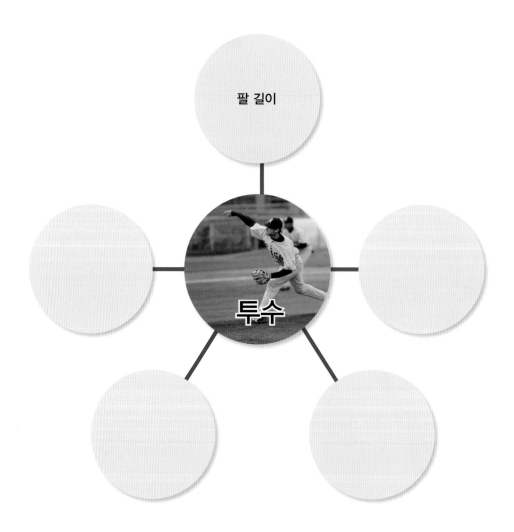

팔 길이

투수

타자는 시속 100킬로미터가 넘는 주먹만한 공을 배트로 쳐 내야 합니다. 어떤 공은 그라운드를 넘기기도 하지만, 때때로 헛스윙을 하기도 해요. 좋은 타자에게는 무엇이 필요한지 생각해 보세요.

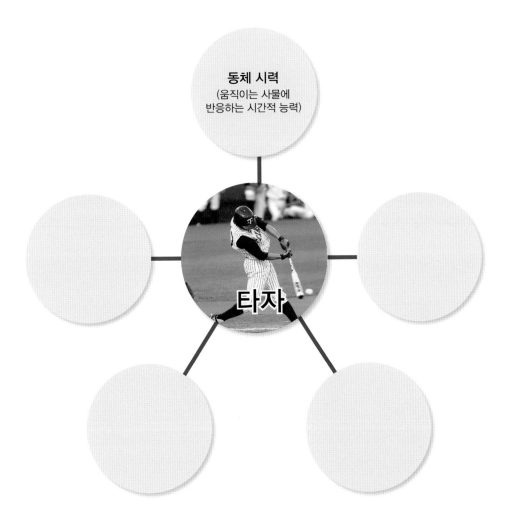

동체 시력
(움직이는 사물에
반응하는 시간적 능력)

타자

프로 야구 구단주가
되어 보자!

우리나라에는 총 10개의 프로 야구 구단과 9개의 홈구장(두산과 LG의 홈구장이 잠실 야구장으로 동일)이 있습니다. 구단주는 구단을 운영하는 가장 높은 위치의 자리로 구단 운영 자금을 집행하고, 사장과 단장, 선수를 영입 또는 방출시키는 데에도 개입하지요. 여러분이 구단주가 된다면 어떤 야구단을 만들고 싶은가요?

야구단 이름

야구단 설명

마스코트

유니폼

* 여러분의 야구장에서 선수들이 열심히 연습하고 있습니다.
예쁘게 색칠한 뒤, 여러분만의 대사를 넣어 보세요.

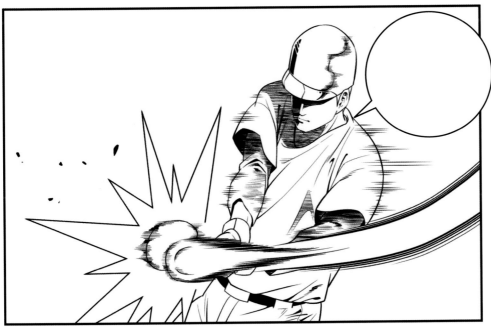

연표

이승엽

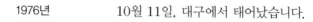

1976년	10월 11일, 대구에서 태어났습니다.
1983년 8세	대구 동덕 초등학교에 입학합니다.
1986년 11세	야구부가 있는 중앙 초등학교로 전학합니다.
1988년 13세	'전국 어린이 야구 대회' 등에서 활약을 펼칩니다.
1994년 19세	청소년 국가 대표로 선발되어 팀을 우승으로 이끌었습니다.
1995년 20세	삼성 라이온즈에 투수로 입단합니다. 박승호 타격 코치로부터 타자로 뛸 것을 권유받고, 성공적으로 전향합니다.
1997년 22세	정규 시즌 MVP와 1루수 부문 골든 글러브를 차지합니다.
1999년 24세	타격 5관왕, 한 시즌 54홈런으로 한국 프로 야구 최초로 50홈런을 넘깁니다.
2002년 27세	삼성 라이온즈의 창단 이후, 한국 시리즈 첫 우승을 이끕니다.
2003년 28세	아시아 신기록 56호 홈런을 달성합니다. 12월, 일본 프로 야구팀 지바 롯데 마린스와 계약합니다.
2005년 30세	성적이 부진하여 2군으로 강등되지만 4월, 다시 1군으로 복귀합니다. 영남 대학교 스포츠 과학 대학원 체육학 석사 과정에 입학하여 2012년에 졸업합니다.

2006년 31세	지바 롯데 마린스와의 계약이 종료되고, 요미우리 자이언츠와 계약합니다.
2007년 32세	1월, 어머니가 뇌종양으로 돌아가십니다. 시즌 내내 손가락 부상으로 고전합니다.
2008년 33세	'베이징 올림픽'에 출전하여 대한민국 금메달 획득에 기여합니다.
2009년 34세	저조한 성적으로 2군에서 정규 시즌을 마감합니다.
2010년 35세	요미우리 자이언츠에서 방출되고 12월, 퍼시픽 리그 오릭스 버팔로스와 계약합니다.
2011년 36세	한국으로 돌아와 삼성 라이온즈와 계약하고, 복귀합니다.
2012년 37세	한국 시리즈 MVP를 수상한 최고령으로 기록됩니다.
2014년 39세	타격 자세 교정을 받고, 국민타자의 부활을 꿈꿉니다.
2015년 40세	KBO 리그 통산 400호 홈런을 기록합니다. 12월, KBO 리그 역사상 최초로 두 자릿수 골든 글러브 수상자가 됩니다.
2016년 41세	한일 통산 600호 홈런을 기록합니다.
2017년 42세	2017 시즌을 마지막으로 은퇴를 밝힙니다. 고척 넥센전, KBO 최초 4,000루타를 달성합니다.
2023년 48세	두산 베어스 감독으로 취임하여 지도자 생활을 시작합니다.

찾아
보기

who? 한국사

초등 역사 공부의 첫 단추! '인물'을 알아야 시대가 보인다

● 선사·삼국 ● 남북국 ● 고려 ● 조선 ● 근대

※ who? 한국사(전 46권) | 대상 초등학교 전 학년 | 책 크기 188×255 | 각 권 페이지 190쪽 내외

who? 인물 중국사

인물로 배우는 최고의 역사 이야기

※ who? 인물 중국사(전 30권) | 대상 초등학교 전 학년 | 책 크기 188×255 | 각 권 페이지 190쪽 내외

who? 아티스트

최고의 명작을 탄생시킨 아티스트들을 만나다

● 문화·예술·언론·스포츠

※ who? 아티스트(전 40권) | 대상 초등학교 전 학년 | 책 크기 188×255 | 각 권 페이지 190쪽 내외

who? 인물 사이언스

기술로 세상을 발전시킨 과학자들의 이야기

※ who? 인물 사이언스(전 40권) | 대상 초등학교 전 학년 | 책 크기 188×255 | 각 권 페이지 180쪽 내외

who? 세계 인물

만화로 만나는 세상을 바꾼 위대한 인물들의 이야기

※ who? 세계 인물(전 40권) | 대상 초등학교 전 학년 | 책 크기 188×255 | 각 권 페이지 180쪽 내외

who? 스페셜 · K-pop

아이들이 가장 만나고 싶고, 닮고 싶은 현대 인물 이야기

※ who? 스페셜 · K-pop | 대상 초등학교 전 학년 | 책 크기 188×255 | 각 권 페이지 190쪽 내외